KB275042

대표라면 반드시 알아야 할 창업의 기술

실패를 딛고 성공을 만드는 대표의 마음 공부

대표라면
반드시 알아야 할
창업의 기술

2026년 1월 5일 초판 1쇄 발행

지은이   최영준
펴낸이   김종욱

교정·교열   조은영
편집·디자인   디자인 글로
표지 디자인   heeyae artist
마케팅   백인영
출판운영   류서진

주소   경기도 파주시 회동길 325-22 세화빌딩
신고번호   제382-2010-000016호
대표전화   032-326-5036
구입문의   032-326-5036 / 010-6471-2550 / 070-8749-3550
팩스번호   031-360-6376
전자우편   mimunsa@naver.com
ISBN   979-11-87812-44-9

대표라면 반드시 알아야 할 창업의 기술

실패를 딛고 성공을 만드는 대표의 마음 공부

최영준 지음

차 례

프롤로그

인생은 저마다의 필드가 있습니다. 누군가는 회사의 한 구성원으로서, 또 누군가는 한 가정의 가장으로서 자신만의 무대 위에서 치열하게 살아갑니다. 저 역시 그랬습니다. 처음에는 횟집 사장이었고, 지금은 업사이클링 제조 스타트업의 대표로 살아가고 있습니다.

이 책은 지난 8년간, 바다의 냄새가 가득하던 식당 주방에서부터 스타트업 사무실의 분주한 공기 속까지 그 긴 여정에서 얻은 깨달음과 노하우를 솔직히 담은 기록입니다.

창업의 현장은 언제나 예측 불가능했습니다. 냉장고가 고장 나 하루 매출이 증발하기도 했고, 거래처 한 곳이 무너지자 회사 전체가 흔들리기도 했습니다. 그럼에도 불구하고 그 모든 시간을 버티게 해준 것은 '대단한 기술'이 아니라, '대표로서의 마음가짐'이었습니다.

우리는 흔히 '창업'이나 '스타트업'이라는 단어를 들으면, 혁신적인 기술과 수백억의 투자를 이끌어낸 화려한 성공 스토리를 떠올립니다. 그리고 그런 이야기를 들으며 감탄하지만, 막상 우리 삶에 적용하려 하면 막막함이 밀려옵니다.

왜 일까요?

그 이유는 우리가 늘 '그들의 성공한 부분'만 바라보기 때문입니다. 그 화려한 결과 이면에는 수없이 무너졌던 시행착오와 아무도 몰랐던 불안과 두려움이 숨어 있습니다. 하지만 대부분의 책과 강연은 그 이야기를 다루지 않습니다. 그래서 감동은 있어도, 행동으로 이어지지 못합니다.

저는 이 책에서 그 반대의 길을 택했습니다. 화려한 성공이 아닌, 현실적인 초보 대표의 실패에서 출발합니다. 현장에서 발로 뛰며 직접 부딪히고 깨지며 얻은 '살아 있는 창업의 기술'들을 전하고자 합니다.

제가 처음 사업을 시작했을 때는 세금이 뭔지도 몰랐습니다. 부가세 정산을 제때 하지 못해 밤잠을 설쳤고, 계약서를 대충 읽었다가 손해를 본 적도 있습니다. 지원 사업에 선정되어 기뻐했지만, 집행 과정에서 회계 규정을 몰라 수차례 수정과 반려를 반복했습니다. 그때마다 배운 건 단순한 행정 절차가 아니라 '대표로서의 태도'였습니다.

사업은 기술보다 태도에서 시작되고, 돈보다 내면의 안정이 먼저입니다. 그래서 이 책은 단순히 창업 이론만을 나열하는 책이 아닙니다.

'사업 계획서 작성법'보다 더 중요한 것은 대표로서 멘탈을 지키는 법, 결정을 내리는 기준을 세우는 법, 실패 앞에서 다시 일어서는 법이기 때문입니다.

제가 8년 동안 창업을 이어오며 들었던 말 중 가장 기억에 남는 질문이 있습니다.

한 투자 심사역님께서 이렇게 물으셨습니다.

"㈜바이웨이스트에서 가장 중요한 것은 무엇인가요?"

잠시 생각하다가 저는 이렇게 대답했습니다.

"대표입니다"

그분은 미소를 지으며 고개를 끄덕였죠.

"맞습니다. 대표가 무너지면 모든 게 끝납니다."

그 짧은 대화가 제게는 큰 울림으로 남았습니다. 사업의 성패를 가르는 것은 자본이나 아이템이 아니라 결국 '대표의 내면'이라는 사실을 그때 처음으로 깊이 깨달았습니다. 실제로 수많은 스타트업이 좋은 기술과 인력을 갖추고도 무너지는 이유는, 대표가 방향을 잃었기 때문입니다. 반대로, 대표가 단단히 서 있으면 위기도 오히려 기회로 바뀝니다.

『대표라면 반드시 알아야 할 창업의 기술』은 그래서 조금 다른 책입니다. 이 책에는 창업 이론보다, 창업자의 마음을 지탱하는 기술이 담겨 있습니다. 돈을 버는 법보다, 버티는 법을 다루고 있습니다. 사업의 성장보다, 대표로서의 성장을 이야기합니다.

저는 화려한 성공담을 말하지 않습니다. 대신, 수많은 실패와 시행착오를 통해 깨달은 '진짜 창업의 기술'을 공유합니다. 그 기술은 누구나 배우고, 일상 속에서도 적용할 수 있는 현실적인 지혜입니다.

직원을 채용할 때 어떤 마음가짐으로 임해야 하는지, 지원 사업을 진행하며 어떤 실수를 반복하지 말아야 하는지, 그리고 대표로서 어떤 생각을 품고 하루를 시작해야 하는지를 담았습니다.

누군가는 묻습니다. "창업의 본질은 무엇인가요?"
저는 이렇게 대답합니다. "결국 사람입니다. 그리고 그 사람의 내면입니다."
이 책은 바로 그 이야기를 하고 싶었습니다.
자신의 마음을 다스릴 줄 아는 대표, 실패 앞에서도 무너지지 않는 사람, 그리고 스스로의 철학으로 회사를 이끄는 리더. 그런 대표가 결국 회사를 오래가게 만듭니다.

이 책이 여러분에게 단순한 '창업 가이드'가 아니라, 당신이 대표로서 어떻게 서 있어야 하는지를 생각하게 만드는 한 권의 나침반이 되기를 바랍니다. 그리고 마지막으로, 이 말을 꼭 전하고 싶습니다.

"대표가 단단히 서면, 사업은 반드시 길을 찾는다."

대표라면 반드시 알아야 할 창업의 기술

이렇게
사업이 될 줄 몰랐습니다

창업을 결심하기까지의 갈등과 현실적인 고민

취업? 창업?
망설이다가 창업해 버렸다

시작의 무게, 결단의 순간

스무 살의 문턱을 넘었을 때, 나는 나 자신이 하나의 문 앞에 서 있는 듯한 기분을 느꼈다. 설렘과 두려움이 동시에 찾아왔다. 나이는 그저 숫자에 불과하다고 말하는 사람도 있었지만, 그 숫자가 내게 던지는 질문은 결코 가볍지 않았다. "이제부터는 너의 길을 스스로 걸을 수 있겠니?" 더 이상 학생이라는 이름표 뒤에 숨어 있을 수 없었고, 내 인생을 내 힘으로 개척해야 한다는 자각은 나를 벅차오르게도, 불안하게도 했다. 그 시절의 고민은 나만의 것이 아니었다. 수많은 청춘들이 겪는 보편적인 통과 의례였다. 그러나 그 흔들림 속에서도 나를 이끄는 기준이 있었다. 바로 '돈의 크기'였다.

어린 시절, 가정 형편이 넉넉하지 못했던 나는 돈이 얼마나 삶을 규정하는지 뼈저리게 알았다. 하고 싶은 일 앞에서 "비싸다"는 말 한마디에

물러서야 했던 기억은 아직도 생생하다. 그 아쉬움은 내게 하나의 다짐이 되었다. '다시는 돈 때문에 꿈을 포기하지 않겠다.' 대한민국 직장인의 평균 월급은 약 250만 원. 표면적으로는 안정적인 숫자 같았다. 하지만 결혼, 주거, 육아, 노후까지 고려하면 그 금액은 금세 모래처럼 손가락 사이로 빠져나갔다. 그 현실을 직시하며 결심했다. 취업이라는 안정 대신, 창업이라는 불확실함을 택하기로. 남들과 같은 길이 아니라, 나만의 길을 가기로. 비록 그 길이 무모하게 보일지라도, 내겐 간절한 희망이었다.

무모한 도전 속에서 배우다

창업의 길은 결코 화려하게 빛나지 않았다. 그것은 오히려 벼랑 끝을 걸어가는 듯한 고독과 긴장의 연속이었다. 온라인 쇼핑몰에서부터 오프라인 F&B 창업, 그리고 R&D 법인회사까지 총 여섯 번의 도전을 했다. 하지만 매번 예상치 못한 벽 앞에 멈추어야 했다. 그 벽들은 하나같이 내가 알지 못했던 세계에서 다가왔다. 전자 세금 계산서, 외주 용역 계약서, 부가 가치 표준 증명원… 생소한 용어들은 내게 또 다른 언어처럼 들렸다. 사업은 단순한 열정이나 아이디어만으로 굴러가지 않았다. '모른다는 것'이야말로 가장 큰 위험이라는 것을. 그러나 동시에, 그 무지는 또 다른 배움의 출발점이기도 했다.

처음에는 홀로 끙끙대며 고민하는 것이 정답이라고 생각했다. 하지만 시간이 흐를수록 알게 되었다. 사업은 책상 앞에서만 자라는 것이 아니라는 사실을. 내가 만든 제품이 진짜 가치가 되려면, 실제 고객에게 다가

가고, 그들의 피드백을 귀담아듣고, 다시 고쳐야 했다. 시장은 책 속에 있지 않았다. 시장은 사람들의 일상 속에, 그들의 불편과 욕망 속에 살아 있었다. 이 과정에서 또 하나의 깨달음을 얻었다. 꾸준한 발걸음이야말로 재능을 넘어서는 힘이라는 것. 피아노를 배우는 이를 떠올려 보라. 타고난 재능이 없어도, 십 년 동안 건반을 두드린 이의 손끝에는 천재도 흉내 낼 수 없는 깊이가 깃든다. 창업 또한 그러했다. 하루아침에 화려한 성과를 내는 이도 있을 수 있지만, 꾸준히 배워가며 나아가는 이만이 진짜 단단해진다.

내가 겪은 실패들은 결코 헛되지 않았다. 때로는 쓰라렸지만, 그 속에서 얻은 교훈은 무엇과도 바꿀 수 없었다. 소비자가 내 브랜드와 제품에 긍정적인 반응을 보여주었을 때, 알았다. 무모해 보였던 발걸음들이 결국 나만의 차별화된 가치로 이어지고 있다는 것을. 실패는 이제 더 이상 실패가 아니었다. 그것은 나를 지탱하는 단단한 기초가 되어주고 있었다.

관계와 가능성, 그리고 앞으로의 길

창업의 길은 결코 혼자의 여정이 아니다. 수많은 순간들 속에서 곁에 있어 준 사람들의 힘을 빌려 다시 일어설 수 있었다. 혼자서는 풀 수 없는 문제들이 반드시 나타난다. 그럴 때마다 동료의 한마디, 멘토의 격려, 고객의 솔직한 피드백이 내게 새로운 길을 열어주었다. 관계는 단순한 위로를 넘어, 사업을 움직이는 또 다른 엔진이었다. 작은 네트워크의 힘이 모여 거대한 파도를 만들어 주었다. 이 과정에서 중요한 깨달음을 얻었다. 성공은 남의 길을 따라가서는 결코 만들어지지 않는다는 것. 남들의 성공 사례는 참고할 수 있지만, 그것을 그대로 흉내 내서는 아무런 의미가 없다. 결국 창업의 본질은 나 자신을 얼마나 깊이 이해하느냐, 그리고 그 강점을 어떻게 세상과 연결하느냐에 달려 있었다.

두려움은 여전히 내 곁에 있다. 그러나 두려움은 막다른 벽이 아니라, 앞으로 나아가기 위해 반드시 통과해야 하는 문이라는 것을. 행동이야말로 두려움을 이겨내는 유일한 방법이었다. 단 한 걸음을 내디딜 때, 두려움은 조금씩 작아지고, 길은 조금씩 열렸다. 나는 여전히 많은 도전 앞에 서 있다. 그러나 두려움보다 기대가 더 크다. 실패에서 얻은 교훈, 사람들과의 관계, 그리고 나 자신에 대한 믿음이 앞으로의 길을 단단하게 지탱해 줄 것임을 믿는다.

이 글을 읽는 당신이 창업을 망설이고 있다면, 부디 기억하길 바란다. 세상은 넓고, 기회는 어디에나 숨어 있다. 당신이 주저하는 동안에도 누군가는 이미 출발선에서 달려가기 시작했다. 그들은 두려움을 짊어진 채로도 과감히 뛰어들었고, 그 선택이 새로운 길을 열었다.

한 걸음, 단 한 걸음이면 충분하다. 완벽한 준비가 아니어도 된다. 세상은 당신의 발걸음을 기다리고 있다. 당신이 내딛는 그 첫걸음은 결코 작지 않다. 그것은 삶의 방향을 바꾸고, 당신의 세계를 넓히는 거대한 힘이 될 것이다. 그러니 망설이지 말고, 당신의 심장이 원하는 길을 따라 나아가길 바란다. 언젠가 오늘의 두려움이 당신의 용기를 증명하는 기억으로 남을 것이다. 그리고 그때, 당신은 깨닫게 될 것이다. 사실 가장 큰 성공은 돈도, 지위도 아닌, 끝내 자기 자신을 믿고 나아갔던 그 순간의 선택이었다는 것을.

법인? 개인사업자?
사업자등록증 등록부터 멘붕

시작이 반, 두려움 속에서 내디딘 첫 걸음

가끔 '시작이 반'이라는 말을 되새기곤 한다. 누구나 한 번쯤 새로운 일을 시작할 때 느껴지는 두려움과 설렘 사이에서 이 말의 의미를 체감했을 것이다. 그러나 창업이라는 길에 들어서면서 그 말의 진정한 무게를 더 깊이 이해하게 되었다. 머릿속에서만 굴러다니던 아이디어와 실제로 세상에 내놓아야 하는 제품은 전혀 다른 차원의 것이었다. 내 손으로 만든 제품과 서비스를 소비자에게 판매하는 것이 곧 사업이라고 생각했다. 하지만 현실은 달랐다. 대한민국에서 합법적으로 장사를 하려면 반드시 사업자 등록을 해야 하며, 개인이든 법인이든 이 절차를 어기면 벌금을 내야 한다는 사실을 알게 되었을 때, 내 창업의 첫 열정은 순간 멈칫했다. 그저 '좋은 아이디어만 있으면 시작할 수 있겠지'라는 순진한 믿음은 현실 앞에서 무너졌다. 창업은 단순히 열정을 불태우는 것이 아니라 제도와 법, 책임의 무게 속에서 살아 움직이는 일이었다.

그동안 소규모 프로젝트를 진행한 적은 있었지만, 정식 절차를 밟아 회사를 세운 경험은 전무했다. 결국 버려지는 폐소방 호스를 업사이클링해 반려동물 장난감을 만드는 법인 회사를 설립하는 것이 나의 첫 진짜 창업이 되었다. 개인 사업자와 법인은 겉으로 보기에는 비슷해 보여도, 실상은 하늘과 땅만큼 달랐다. 개인 사업자는 '나'라는 개인이 주체가 되지만, 법인은 나와는 또 다른 인격체였다. 새로운 이름을 가진 회사가 세상에 등장하는 순간, 단순한 개인 사업자가 아니라 수많은 책임을 짊어진 대표가 되었다.

특히 내가 정부 지원 사업을 통해 700만 원의 창업 자금을 받으면서, '6개월 안에 반드시 법인 사업자를 등록해야 한다'는 조건을 안게 되었을 때, 그 무게는 더욱 현실적으로 다가왔다. 처음에는 단순히 기쁜 마음뿐이었다. 그러나 곧 그 조건이 내게 큰 과제가 되어 돌아왔다. 지원금은 든든한 날개처럼 느껴졌지만, 동시에 반드시 더 높이 날아야 하는 무거운 짐이기도 했다.

법인 등록, 책임의 무게와 배운 교훈

법인 사업자 등록 과정은 내 예상보다 훨씬 복잡했다. 정관을 작성하고, 주주총회 의사록을 만들고, 인감도장을 새기고, 등기국을 오가는 과정은 처음 접하는 사람에게는 하나하나가 장벽처럼 다가왔다. 서류 한 장의 오타, 도장의 위치 하나가 잘못되면 다시 처음으로 돌아가야 했고, 그 과정에서 몇 번이나 좌절을 경험했다. 처음에는 '내가 다 할 수 있다'는 자존심 때문에 전문가에게 의뢰하지 않고 혼자 모든 절차를 밟았다. 하지만 몇 번의 실수가 더 많은 시간과 비용을 잡아먹으면서 결국 깨달았다. 창업자는 모든 일을 혼자 해결해야 하는 존재가 아니다. 오히려 적절히 도움을 요청할 줄 아는 사람이 진짜 사업가다. 법무사와 세무사, 변리사 같은 전문가들은 단순히 대리 업무를 처리하는 사람이 아니라, 창업자가 시행착오를 줄이고 본질적인 사업에 집중할 수 있도록 돕는 동반자였다.

또한 법인은 사업 종목을 변경하기가 쉽지 않다는 특징이 있다. 개인사업자라면 비교적 자유롭게 사업 아이템을 수정하거나 전환할 수 있지만, 법인은 초기 종목이 사실상 회사의 방향을 결정짓는다. 이 사실을 알게 된 후, 처음 설정한 업사이클링 아이템을 단순한 '시작용 아이디어'가 아니라, 장기적으로 끌고 갈 수 있는 모델로 만들어야 한다는 부담을 느꼈다. 그래서 아이디어를 열 번, 스무 번씩 다시 검토하며 '과연 내가 평생 붙들 수 있는가'라는 질문을 스스로에게 던졌다. 이 과정에서 내가 배운 중요한 교훈은, 창업에서 가장 두려운 순간은 나만 겪는 것이 아니라는 사실이다. 같은 지원 사업에 합격한 동기들과 경험을 공유하면서, 그들 또한 비슷한 시행착오를 겪고 있음을 알게 되었다. 혼자라는 착각은 고통을 배가시키지만, 함께라는 사실은 버틸 힘을 준다. 창업은 외롭지만, 동시에 공동체적인 여정이었다.

실용적인 팁을 덧붙이자면, 법인 등록을 준비하는 이들에게 몇 가지를 꼭 권하고 싶다. 첫 번째는 전문가 도움을 아끼지 말아야 한다. 물론 초기 비용이 들지만 장기적으로는 훨씬 효율적이다. 두 번째로는 사업 종목을 신중히 결정하길 바란다. 향후 회사의 방향과 브랜드 이미지까지 좌우하기 때문이다. 마지막 세 번 째는 시간 여유를 넉넉히 두기를 바란다. 실제 서류 절차는 예상보다 지연되기 쉽다. 이 세 가지를 미리 명심했다면, 나의 창업 여정은 훨씬 덜 험난했을지도 모른다.

성장과 배움, 창업자로서의 자부심

우여곡절 끝에 법인 사업자를 등록하고 나서, 내 회사는 '주식회사 바이웨이스트'라는 이름으로 세상에 등장했다. 통장을 개설하고, 세금 계산서를 발행하고, 대표 이사 직함이 새겨진 명함을 받았을 때 느낀 벅찬 감정은 지금도 선명하다. 그러나 그것이 끝이 아니었다. 진짜 시작은 그 이후였다. 회계와 세금은 특히 큰 산이었다. 세법 용어 하나하나가 외국어처럼 낯설었고, 단순한 계산 착오가 큰 불이익으로 이어질 수 있다는 사실은 나를 긴장하게 했다. 하지만 그 과정을 통해 깨달았다. 사업가는 본질적으로 끊임없이 배우는 학습자다. 서점에서 회계 입문서를 사 읽고, 온라인 강의를 찾아보며 하나하나 익혔다. 그리고 필요할 때는 망설이지 않고 세무사에게 조언을 구했다.

결국 중요한 것은, 배우려는 자세와 겸손이었다.

또한 시장에 제품을 내놓으며 소비자의 중요성을 실감했다. 고객의 피드백은 단순한 불평이나 칭찬이 아니라, 사업의 나침반과도 같았다. 어떤 소비자는 내 제품의 강점을 알려 주었고, 또 다른 소비자는 문제점을 솔직히 지적해 주었다. 그들의 목소리를 경청하며 제품을 개선했고, 그 과정에서 비즈니스는 점점 단단해졌다. 창업은 결국 소비자와 함께 완성해 가는 작품이라는 사실을 깨달았다.

더불어 창업을 단순한 생계나 이익 창출로만 여기고 싶지 않았다. 버려진 소방 호스를 업사이클링해 강아지 장난감을 만드는 아이디어는 단순한 제품이 아니라, 환경을 지키고 사회적 책임을 실현하는 ESG 경영의 한 걸음이었다. 나의 작은 시도가 환경에 긍정적인 영향을 주고, 더 나아가 그 수익을 사회에 환원하는 선순환 구조로 이어지길 바랐다. 그 비전은 창업자로서 나의 여정을 더욱 의미 있게 만들어 주었다. 이 모든 경험 끝에 이제 창업을 이렇게 정의하고 싶다.

창업은 결과가 아니라 과정이며, 그 과정에서의 실패와 좌절조차도 자산이 된다.

두려움과 혼란을 견디고 나면, 창업자는 그만큼 단단해진다. 법인 사업자 등록이라는 첫 관문을 통과하며 창업자로서의 자부심을 얻었다. 그 길은 분명 쉽지 않았지만, 그 과정을 버텨낸 덕분에 더 강해졌다. 이제는 과거의 나처럼 창업을 망설이는 사람들에게 이렇게 말하고 싶다.

"시작은 무겁다. 그러나 그 무게가 당신을 단단하게 만든다."

사업은 늘 불안과 도전의 연속이지만, 그 끝에서 마주하는 성취와 보람은 그 어떤 고통과도 바꿀 수 없다. 내 경험이 누군가에게 작은 희망이 되기를 바라며, 앞으로도 이 길을 걸어가려 한다. 창업은 끝없는 도전이지만, 그만큼 끝없는 배움과 성장의 여정이기도 하다.

정부 지원 사업?
진짜 받을 수 있는 돈인가

"정부에서 주는 돈은 정말 받는 사람만 받는 것 같아. 그래서 내 세금이 조금 아까워!"

정확히 3년 전, 친구들과의 대화 속에서 내가 무심코 던졌던 말이다. 그때의 나는 정부 지원 사업이라는 제도를 남의 이야기쯤으로 치부했다. 내 삶과는 아무런 인연이 없을 것 같았고, 운이 좋은 극소수만이 누릴 수 있는 혜택처럼 보였다. 하지만 몇 년이 지난 지금, 그 말이 얼마나 짧은 시선에서 나온 오해였는지를 몸으로 알게 되었다. 그 제도는 결국 내 인생의 방향을 바꾸었고, 내가 꿈꾸는 길을 조금 더 단단하게 걸어갈 수 있도록 만들어 주었다.

의심에서 확신으로, 첫 지원금을 받다

창업을 준비하던 시절, 우연히 마주한 한 장의 공고문이 내 시선을 붙잡았다. '사업화 지원비, 최대 1,700만 원 지원'. 처음엔 반신반의했다.

'설마 나 같은 사람도 받을 수 있을까?' 의심이 가득했지만, 이상하게도 그 문구가 계속 머릿속에 맴돌았다. 결국 도전하기로 했다. 정부는 그저 돈을 나누어 주지 않았다. 내 아이디어의 타당성을 검증했고, 구체적인 수익 구조를 요구했다. 사업 계획서와 IR 피칭 자료를 준비하며 밤을 지새웠다. 단순히 '좋은 생각'만으로는 부족했다. 시장의 크기, 경쟁사의 현황, 그리고 내가 가진 차별성을 명확히 보여주어야 했다. 고된 과정이었지만, 그 속에서 '내가 하려는 일을 글과 숫자로 설득력 있게 표현하는 법'을 배웠다.

지원 결과, 처음으로 700만 원을 받게 되었다. 종이에 찍힌 숫자 하나가 내 인생을 흔들었다. 통장에 들어온 돈을 보면서도 한동안 실감이 나지 않았다. '정말 이 돈을 내가 써도 되는 걸까?' 불안이 설렘을 덮었고, 차마 쉽게 쓰지 못했다. 오히려 아끼며 움켜쥐기만 했다. 하지만 협약업체에서는 자꾸 사용하라고 독려했다. 그때의 나는 그들의 말을 이해하지 못했다. 시간이 지나서야 깨달았다. 지원금은 지키는 돈이 아니라 움직여야 의미가 생기는 돈이라는 것을.

사고의 전환, 1억 원이 가져온 변화

법인 사업체를 설립한 후, 1억 원이라는 더 큰 지원금을 받았다. 그 순간 심장이 쿵쾅거렸다. 처음 지원금을 받았을 때의 두려움과는 전혀 다른 떨림이었다. 누군가에게는 크지 않게 보일 수도 있지만, 매달 사비로 임대료와 인건비를 감당해야 하는 내게는 새로운 가능성을 여는 열쇠였다. 그때부터 내 생각이 달라졌다. '이 돈을 잘 쓸 수 있을까?'라는 불안에서 '이 돈을 어떻게 써야 내 사업이 성장할 수 있을까?'라는 고민 으로 옮겨갔다. 돈을 움켜쥐고 지키던 내가, 이제는 돈을 흘려보내며 길 을 만드는 법을 배워갔다.

3년 동안 총 3억 원 이상의 지원금을 받으며 수많은 실험을 감행했다. 폐소방 호스를 활용해 반려견 용품을 만드는 친환경 사업도 그중 하나였 다. 환경을 지키고 반려견이 행복하게 쓸 수 있는 제품을 만든다는 이상 은 아름다웠지만, 현실의 시장은 차갑고 냉정했다. 소비자의 지갑을 열 게 하는 것은 단순한 가치만으로는 부족했다. 하지만 지원금이 있었기 에 손해를 감수하면서도 다양한 시도를 이어갈 수 있었다. 실패한 제품 도 있었지만, 그 과정에서 얻은 피드백은 다음 시도로 이어지는 발판이 되었다. 그 과정 속에서 중요한 사실을 깨달았다. 지원금은 단순한 돈이 아니라 '실험할 수 있는 용기'라는 것. 만약 모든 비용을 내 돈으로 감당 해야 했다면, 수많은 아이디어를 시도하기조차 두려웠을 것이다. 하지만 정부의 지원은 나에게 '한 번 더 해보라'는 용기를 주었고, 실패 속에서 배우게 했다. 그 경험이 쌓이며 내 사업은 조금씩 단단해졌다.

기회를 두드리는 태도

처음 창업을 시작했을 때, 늘 '정부 지원 사업, 정말 받을 수 있을까?'라 는 의심 속에 살았다. 하지만 한 번 지원을 받고 나니 내 사고가 바뀌었다. 이제는 "어떻게 하면 받을 수 있을까?"라는 질문으로 바뀌었다. 질문이 바뀌자 시야가 넓어졌다. 지원금은 남의 것이 아니라, 내가 마음만 먹으면 얼마든지 도전할 수 있는 기회라는 사실을 알게 되었다. 물론 결과는 늘 만족스럽지 않았다. 합격의 기쁨만 있었던 것은 아니다. 탈락 통보를 받을 때마다 마음이 무너졌고, 스스로의 한계를 느끼기도 했다. 그러나 그 경험조차도 값진 자산이 되었다. 부족했던 점을 보완하고, 다음 도전에서 더 나은 계획서를 제출할 수 있었다. 결국 깨달았다. 도전하지 않으면 확률은 0%, 하지만 도전하면 그만큼의 배움과 가능성이 남는다는 사실을.

그래서 지금도 꾸준히 사업 계획서를 작성한다. 완벽하지 않더라도 두드린 문은 언젠가 열릴 수 있다. 그 문을 열어주는 것은 주변의 평가가 아니라 나의 끈기와 태도라는 사실을 이제는 안다. 창업을 꿈꾸는 이들에게 늘 이렇게 말한다.

"나의 인생에 단 0.1%도 책임지지 않는 사람들의 말에 흔들리지 마라."

조언은 들을 수 있지만, 그 누구도 내 삶을 대신 책임져주지 않는다. 결국 기회를 잡는 것도, 그것을 놓치는 것도 내 몫이다. 돌아보면, 정부 지원 사업에 대한 내 초기의 회의적인 태도는 경제적 불안과 주변의 시선에 휘둘렸던 결과였다. 하지만 직접 부딪히고 경험하면서 알게 되었다. 지원금은 단순한 자금이 아니라, 내가 새로운 길을 시도할 수 있도록 밀어주는 투자이자 신뢰의 증거라는 것을.

3년 전의 나는 '지원금은 남의 것'이라 말하던 사람이었다. 그러나 지금의 나는 그것이 누구에게나 열려 있는 문이며, 그 문을 두드리는 용기를 가진 자에게만 열린다는 사실을 안다. 앞으로도 계속해서 그 문을 두드릴 것이다. 지원금으로 시작된 작은 꿈이 더 큰 성장으로 이어질 것임을 믿는다. 정부 지원 사업은 이제 나에게 '그저 받는 돈'이 아니다. 그것은 내가 꿈꾸는 미래를 현실로 끌어당기는 발판이자, 내 안의 도전을 가능하게 하는 연료이다. 그리고 그 연료를 품고 오늘도, 내일도 멈추지 않고 걸어갈 것이다.

창업 초반,
사업보다 중요한 건 멘탈이었다

매일 조금씩, 무너지지 않는 속도

"당신이 할 수 있는 최선의 방법은 매일 조금씩 나아가는 것이다"

- 존 우든

창업을 시작하면서 무수한 목표를 세웠다. 처음에는 그 목표를 한 번에 이루고 싶다는 치열한 열망이 있었다. 그러나 그 열망은 어느새 나를 압박하고 불안으로 몰아넣었다. 창업 초기, 많은 사람들이 "누구에게 쫓기듯이 너무 열심히 하는 것 같아요"라고 말했다. 그 말이 틀리지 않았다. 실제로 아무도 나를 몰아세우지 않았지만, 나 자신에게 끝없는 채찍을 휘둘렀다. 결과는 번아웃이었다.

법인 사업체를 운영한 지 6개월 무렵, 몇 달을 준비한 정부 지원 사업 1차에서 탈락했다. 흔한 실패일 수 있지만, 당시 내겐 모든 것이 무너지는 경험이었다. 평소 30분이면 끝낼 서류 작업에 세 시간이 걸렸고, 머릿속은 안개처럼 흐려졌다. 단순한 전화 한 통도 손이 덜덜 떨려 쉽게 걸지 못했다. 작은 실패가 내 자존감 전체를 뒤흔들 수 있다는 사실을 처음 알았다.

그제야 깨달았다. 사업의 성공을 좌우하는 것은 자금이나 네트워크보다 '멘탈'이라는 사실을. 사업은 단거리 경주가 아니라 장거리 마라톤이다. 속도에 집착하면 결국 지쳐 멈추게 되고, 페이스를 유지해야만 완주가 가능하다. 하지만 늘 다른 사람과 비교하며 조급함에 사로잡혀 있었다. 누군가의 성공 소식은 나를 불안하게 했고, 경쟁사의 신제품 발표 하나에 잠 못 이루는 날이 많았다.

창업 3년 안에 절반 이상의 기업이 문을 닫는다는 통계는 단순한 숫자가 아니었다. 시장과 자금 탓도 있지만, 더 큰 이유는 창업자가 버티지 못하고 멘탈이 먼저 무너지기 때문이다. 이 진실을 체감했다. 그래서 마음의 근육을 기르기 위해 '루틴'을 만들었다.

아침에는 10분 동안 오늘의 목표를 한 줄로 적는다. 오후에는 중요 일정을 기록하며, 밤에는 세 문장을 남긴다. '오늘 잘한 일 하나, 고치고 싶은 일 하나, 내일의 첫걸음 하나.' 처음에는 사소해 보였지만, 이 작은 기록이 쌓이면서 내 삶은 달라졌다. 실패한 날에도 '그래도 자리에 앉았다'라는 문장이 남아 있었다. 이 단순한 습관은 멘탈을 안정시키는 최소한의 안전망이 되어 주었다.

또한 주간 '중간 점검'을 도입했다. 매출과 지출, 프로젝트 병목, 고객 문의의 온도를 색깔로 표시했다. 흥미롭게도 매출이 좋은 주일수록 내 심리적 피로가 심한 경우가 많았다. 그럴 때는 과감히 '감속의 날'을 정했다. 일정 대신 문서 정리나 사소한 업무에 시간을 쓰며, 몸과 마음이 숨을 고를 시간을 주었다. 멈춤은 후퇴가 아니었다. 다시 멀리 가기 위한 충전이었다.

비교의 덫에서 벗어나, 회사보다 '나'로 선다

창업 과정에서 수많은 대표와 비교했다. 그들의 성과, 보도 자료, 투자 유치 금액 하나하나가 내 마음을 흔들었다. 그러나 비교는 성장의 지름 길이 아니었다. 오히려 나의 페이스를 잃게 만들었고, '나는 왜 이 정도밖에 안 되나'라는 자기 의심을 키웠다. 그러던 어느 날, 투자 유치를 위한 IR 피칭에서 한 심사위원이 물었다. "대표님, ㈜바이웨이스트의 가장 중요한 것은 무엇인가요?" 나는 망설임 없이 "대표입니다"라고 답했다. 그러자 그는 고개를 끄덕이며 말했다. "맞습니다. ㈜바이웨이스트에서 가장 중요한 것은 최영준 대표님입니다. 대표가 무너지면 모든게 끝납니다." 그 말은 내 가슴에 깊은 울림을 주었다. 브랜드는 바뀔 수 있고, 제품은 개선되며, 시장은 끊임없이 변한다. 그러나 창업자가 무너지면 모든 것이 무너진다. 그날 이후 회사보다 먼저 나를 지켜야 한다는 사실을 받아들였다.

세 가지 실험을 했다. 첫째, '정보 다이어트'. 하루에 소비하는 뉴스와

SNS 시간을 줄였다. 외부의 소음이 줄자, 내면의 목소리가 들리기 시작했다. 둘째, '피드백 회로'. 멘토 한 명, 동료 창업자 한 명과 2주에 한 번 통화를 하며 감정과 숫자를 동시에 공유했다. "무엇이 잘못됐냐"가 아니라 "무엇을 배웠나"라는 질문으로 시작했다. 셋째, '회복 근육'. 격주로 하루를 회복의 날로 정해 산책, 독서, 기록 등 작은 약속만 지켰다.

비교의 덫에서 벗어나려면 기준을 바꿔야 한다. 외부가 아닌 내부 지표를 세우기 시작했다. 고객 인터뷰 10건, CS 응답 시간 20% 단축, 재고 회전율 개선 같은 세밀한 목표들이 쌓이자 외부 기사 한 줄보다 훨씬 깊고 오래가는 자신감이 생겼다.

물론 현실은 늘 매끄럽지 않았다. 함께 일하던 동료의 배신, 외주 업체의 손해, 계약상의 허점 등은 수없이 내 멘탈을 흔들었다. 그러나 '감정의 유통 기한'을 24시간으로 정했다. 분노와 억울함은 하루까지만 허용하고, 그다음부터는 기록과 대책으로 전환했다. 회의록을 정리하고, 계약서를 수정하며, 재발 방지 체크리스트를 만들었다. 감정은 흘려보내고 구조는 남겼다. 이 습관은 나를 단단하게 만들었다.

앞으로 넘어지며 단단해지는 법

창업에서 매일 내리는 결정들은 결코 가볍지 않았다. 어떤 날은 숫자와 씨름했고, 어떤 날은 사람과 씨름했다. 올바른 결정이란 없었다. 다만 그때그때 선택이 있을 뿐, 그리고 선택에는 비용이 따른다는 사실을 깨달았다. 실패는 성장의 일부였고, 그 실패가 내 몸을 앞으로 밀어 주었다.

나는 그것을 '앞으로 넘어지는 법'이라고 불렀다. 이를 실무로 옮겨 분기마다 '학습 리포트'를 작성했다. 실패 사례와 성공 사례를 각각 세 가지씩 뽑아 가설·실행·결과·교훈을 네 줄로 정리했다. 단순한 숫자가 아니라 감정까지 적었다. '실패 직후 팀의 긴장도가 너무 높아 대화가 단절됐다' 같은 메모는 다음 분기의 중요한 개선점이 되었다. 또한 월 1회 '리셋 미팅'을 열어 팀원들과 기대치와 역할을 재정렬했다. 방향을 다시 맞추는 적은 시간이 장기적으로는 팀의 결속을 단단히 했다.

멘탈을 지키기 위해 '안전장치'를 마련했다. 현금 흐름을 3개월, 6개월, 12개월 시나리오로 나눠 점검하고, 최악의 경우에 취할 최소 조치를 문서로 남겼다. 법률·세무 이슈도 분기 단위로 선제 점검했다. 불확실성은 사라지지 않지만, 준비된 불안은 막연한 공포를 줄여 준다.

협업 역시 안전망이었다. 협력사와의 관계를 단순한 거래가 아니라 '공동의 리듬'으로 설계했다. 마감일을 공유하는 것에 그치지 않고, 일정이 밀릴 가능성이 보이면 즉시 신호를 주고받았다. 과정의 투명성이 쌓이자, 예기치 못한 충격도 완충할 수 있었다. 무엇보다 중요한 것은 의식적으로 마음의 평온을 챙기는 일이다. 하루가 무너지는 데는 5분이면 충분하고, 다시 세우는 데는 15분이면 된다. 그래서 '15분 회복 규칙'을 만들었다. 사건이 터지면 컴퓨터를 닫고 창문을 열고, 물을 한 잔 마신다. 그리고 가장 작은 행동 하나를 택한다. 고객에게 상황 공유 메일 한 통, 팀에게 오늘의 우선순위 한 줄, 메모장에 감정 한 문장. 작은 행동이 불안을 쪼개는 칼날이 된다.

돌아보면 창업 초기의 나는 내면의 평온이 절실히 필요했다. 목표를 향해 달릴수록, 달리는 방식이 더 중요했다. 의지는 연료고, 루틴은 엔진이며, 멘탈은 차체다. 셋 중 하나라도 무너지면 차는 앞으로 나아가지 못한다. 그래서 오늘도 묻는다. '나는 내 페이스를 지키고 있는가? 오늘의 루틴을 지켰는가? 내 마음을 돌보았는가?'

창업의 길은 끝이 없는 여정이다. 나를 잃지 않고, 주변과 소통하며, 장기적 관점으로 나아가는 것. 급한 성장을 좇지 않고 매일의 작은 전진을 포기하지 않는 것. 그 길 위에서 깨닫는다. 비교의 소음은 잦아들고, 나만의 리듬이 들린다는 것을. 아주 작은 전진들이 언젠가 큰 도약을 만든다는 것을. 그래서 오늘도 무너지지 않는 속도로, 앞으로 넘어지며 나아간다. 그리고 언젠가 돌아보면, 그 길 위에 남은 발자국이 바로 내 삶의 증거가 될 것이다.

창업은 했지만
월세, 식비, 세금이 문제다

현실 앞에서 마주한 생계의 무게

친구를 오랜만에 만나면 꼭 듣게 되는 질문이 있다. "잘 지냈어? 요즘은 어떻게 지내?"

이 질문은 내게 단순한 안부 인사가 아니었다. 사업을 한다는 이유만으로, 늘 같은 대답을 반복하곤 했다. "사업하며 바쁘게 지내고 있지." 이 말을 들은 친구들은 대체로 비슷한 반응을 보였다. '그래도 기업가라면 안정적일 거야. 넉넉한 삶을 살겠지.' 그런 눈빛이었다. 하지만 현실은 전혀 달랐다. 사업을 시작한 이유는 분명 돈을 많이 벌고 싶어서였다. 나 역시 화려한 성취와 큰 수익을 꿈꾸었다. 그러나 현실은 그 꿈을 단숨에 무너뜨렸다. 아무리 발버둥 쳐도 월세와 식비를 채우는 일조차 버거웠다. 사업은 나에게 새로운 세계를 열어주었지만 동시에 무거운 생계라는 이름의 짐을 안겨주었다. 아이템을 발전시키는 시간은 곧바로 수익으로 이어지지 않았다. 시장에서 인정을 받기 전, 먼저 해결해야 할 것은 눈앞의 하루하루였다. 그때 내린 결론은 단순했지만 무거웠다.

'투잡을 뛰자'. 밤에는 택배 상하차장에서, 낮에는 카페와 음식점에서, 때로는 PC방에서. 그렇게 땀으로 하루를 버티며 얻은 월급은 내 삶을 지탱해 주었다. 특히 토스트 프랜차이즈 매장에서 일하게 되었을 때, 비로소 숨을 고를 수 있었다. 고단한 하루 끝, 손에 쥔 급여 봉투가 작은 위로처럼 느껴졌다. 그러나 몸은 점점 지쳐갔다. 끼니를 간편식으로 때우며 버티다 보니 에너지가 고갈되는 게 피부로 느껴졌다. 사람을 휴대전화에 비유하자면, 늘 배터리 부족 경고가 켜져 있는 상태였다. 충전은 하지만 소모가 더 빨라 충전량이 늘 차지 않는 그런 모습. 그럼에도 불구하고 버틸 수 있었던 것은 같은 길을 걷는 동료 창업자들과의 대화 덕분이었다. 그들도 나와 다르지 않다는 사실은 이상할 만큼 큰 위로가 되었다. 실용적인 차원에서 배운 점이 있다면, 창업 초기에는 생활비 최소화 전략이 필요하다는 것이다. 불필요한 고정비를 줄이고, 가능한 한 소규모의 생활을 유지하는 것. 그리고 투잡이 단순히 돈을 버는 수단이 아니라, 새로운 인적 네트워크를 만들어 주는 기회라는 점도 중요한 배움이었다.

지원금과 세금, 또 다른 벽들

시간이 흘러 드디어 큰 전환점이 찾아왔다. 규모 있는 지원 사업에 선정된 것이다. 지원금 덕분에 직원들을 고용할 수 있었고, 제품을 고도화할 기회도 열렸다. 마치 긴 터널 끝에서 빛을 본 듯했다. '이제 시작이구나.' 설레는 예감이 밀려왔다. 그러나 그 빛은 생각보다 오래 머물지 않았다.

지원금은 어디까지나 직원들을 위한 것이었고, 정작 내 손에는 돌아오는 것이 없었다. 여전히 아르바이트에 의존해야 했고, 두 가지 일을 병행하는 나날은 내 체력을 더욱 갉아먹었다. 그때 등장한 또 하나의 벽, 바로 세금이었다. 개인 사업자와 법인 사업자의 세금 체계는 생소한 언어와 복잡한 절차의 연속이었다. 처음에는 그저 당황스러웠다. 하지만 곧 깨달았다. 세금은 단순히 납부해야 하는 돈이 아니라, 사업의 구조와 직결된 본질적인 문제였다. 피하면 안 되는 과제였다. 그래서 다시 결심했다.

'세금을 공부하자. 나를 보호하기 위해서라도'. 세무 관련 서적을 읽고 인터넷 강의를 들었다. 그리고 무엇보다 중요한 사실을 배웠다. 사업은 단순히 돈을 버는 과정이 아니라, 그 돈의 흐름을 기록하고 지키는 일이기도 하다는 것. 아이들이 용돈을 기입장에 적듯, 나 역시 들어오고 나가는 돈을 성실히 기록해야 했다. 특히 도움이 된 건, 가계부 쓰듯 간단히 기록하는 습관이었다. 처음에는 복잡한 회계 프로그램이 부담스러웠지만, 단순한 엑셀 파일이나 가계부 앱만으로도 현금 흐름을 관리하는 데 큰 도움이 되었다. 또, 세무사 상담을 통해 기초적인 절세 전략을 배우는 것도 필요했다. 모르는 것을 혼자 끌어안기보다 전문가에게 물어보는 것이 시간을 절약해 주었다. 세금과의 싸움은 내게 또 다른 시험이었지만, 동시에 사업가로서의 성장을 이끌어내는 과정이기도 했다.

버팀목이 된 네트워크와 새로운 다짐

창업은 고독한 길이었다. 그러나 고독 속에서도 작은 빛들이 있었다. 주말에는 초등학생을 대상으로 화상 수업을 하고, 때로는 프리랜서 강사로 일하며 시급을 벌어들였다. 생계를 이어가기 위한 몸부림 속에서 오히려 더 간절해졌다. '포기하지 않겠다. 어떤 상황에서도 내 사업을 지켜내겠다.' 이 마음은 나를 한층 단단하게 만들었다. 물론, 흔들릴 때도 있었다. 문제들이 연속적으로 겹치며 방향을 잃을 때면, 모든 게 무너지는 것만 같았다. 하지만 그 순간마다 함께 지원 사업에 참여한 동기 대표들과의 대화는 내게 다시 길을 보여주었다. 그들의 고군분투 속에서 나는 외롭지 않음을 느꼈다.

실제로 창업 동료들과의 모임은 단순한 위로 이상의 역할을 했다. 세금 문제를 어떻게 풀어갔는지, 마케팅 전략은 어떻게 세우는지, 협업 파트너는 어떻게 찾는지 같은 현실적인 조언이 오갔다. 혼자라면 헤매던 길을, 함께라면 조금 더 빨리 나아갈 수 있었다. 네트워크는 단순한 인맥이 아니라, 서로의 생존 전략을 공유하는 삶의 학교였다. 이제는 외부 아르바이트에 의존하지 않고도 수익을 낼 수 있는 길을 모색한다. 고객의 니즈를 더 깊이 분석하고, 새로운 상품을 기획하며, 마케팅 전략을 연구한다. 워크숍과 세미나에 참여해 내 사업을 객관적으로 바라보고 새로운 시각을 얻는다. 그 과정에서 스스로의 비전을 더욱 확고히 했다.

사업의 길은 여전히 험난하지만, 매 순간 넘어설 때마다 더 단단해지고 있다. 세금 문제는 여전히 존재하지만, 더는 두렵지 않다. 오히려 그것은 내가 성장하고 있다는 증거처럼 느껴진다. 언젠가 다시 친구가 묻는다면, 이제는 주저 없이 이렇게 말하고 싶다.

"사업이 잘 되고 있어. 힘들지만, 계속 나아가고 있어." 창업의 길은 결코 꽃길이 아니다. 하지만 그 길 위에서 절실함을 배웠고, 도전을 익혔으며, 끈기를 얻었다. 월세, 식비, 세금은 여전히 나의 일상에 존재하지만, 이제 그것들이 내 발목을 잡지는 못한다. 그것들은 오히려 내가 성장하고 있음을 증명하는 과정의 일부다.

여전히 이 길 위에 있다. 앞으로도 수많은 벽과 마주하겠지만, 그때마다 넘어설 힘이 나에게 있음을 믿는다. 창업은 내게 고통이자 기쁨이고, 시련이자 배움이었다. 그리고 그 배움 속에서 조금씩 더 단단해지고 있다.

무자본? 소자본? 돈이 없어도
창업할 수 있다는데, 진짜 가능할까?

　　창업이라고 하면 가장 먼저 떠오르는 단어는 단연 '자금'이다. 사람들은 창업을 위해 오랜 시간 저축하거나 대출을 감수한다. 그러나 돈이 없으면 정말 창업이 불가능할까? 이 질문을 스스로의 경험을 통해 확인하고 싶었다. 실제로 무자본이나 소자본 창업은 실패했을 때 손실이 적다는 분명한 장점이 있다. 하지만 동시에 자금이 풍부한 사람들처럼 다양한 선택을 하기에는 제약이 많다. 그렇다면 왜 사람들은 여전히 창업이라는 모험에 뛰어드는 걸까? 답은 의외로 단순하다. 돈이 아니라, 자신만의 꿈과 목표가 사람을 앞으로 나아가게 만든다. 창업은 단순히 사업을 여는 행위가 아니라, 내 삶을 내가 주체적으로 개척하겠다는 선언이다. 나 역시 돈이 없었지만, '한번쯤은 내 힘으로 살아보고 싶다'는 간절한 마음이 나를 이 길로 이끌었다.

빛과 기술, 그리고 첫 창업의 도전

내가 처음 창업을 시도한 곳은 경기도 시흥이었다. 작은 횟집을 열고 싶었지만, 현실은 녹록지 않았다. 필요한 자금은 1억 5천만 원, 하지만 내 통장에 있던 돈은 그에 턱없이 못 미쳤다. 결국 대출을 받아야 했다. 처음 빚을 떠안았을 때 느꼈던 두려움은 이루 말할 수 없었지만, 그 두려움이 오히려 나를 더 치열하게 만들었다. 매일 주저앉고 싶을 때마다 '내가 멈추면 빚만 남는다'는 생각이 나를 다시 일으켜 세웠다.

하지만 자금만으로는 가게를 제대로 운영할 수 없었다. 무엇보다 요리에 대한 전문 기술이 부족했다. 학원에 다닐 형편도 안 되었기에 선택지는 하나뿐이었다. 직접 현장으로 뛰어드는 것. 어린 시절 즐겨보던 요리 만화 속 문장이 떠올랐다. '성공한 요리사 곁에서 배우자.'

인천에서 가장 유명한 횟집을 찾아가 주방 문을 두드렸다.

"돈은 안 받아도 괜찮습니다. 대신 제가 옆에서 도와드리며 배우게 해주세요."

그 말에는 젊은 패기와 간절함이 섞여 있었다. 다행히 주방 실장은 내 진심을 받아들였고, 그의 조수가 될 수 있었다. 6개월 동안 주방에서 칼을 잡으며 생선을 손질했다. 손에는 굳은살이 배었고, 온몸은 늘 피곤했지만, 그 시간은 내 인생에서 가장 값진 투자였다. 돈 한 푼 들이지 않고 기술을 배운 것이다. 무자본 창업의 진짜 자본은 결국 시간과 몸, 그리고 간절함이라는 사실을 깨달았다.

이후 자신감을 얻은 나는 시흥에 횟집을 열었다. 하루하루 피 말리는 시간이었지만, 노력은 결코 배신하지 않았다. 처음엔 손님이 없어 초조했지만, 입소문이 나면서 매출은 점차 오르더니 1년 만에 월 매출 7,500만 원을 기록했다. 그러나 그 성공 뒤에는 큰 대가가 있었다. 하루에 100마리가 넘는 생선을 손질하는 일은 내 몸을 갉아먹었고, 결국 병원으로 실려 갔다. 그 순간 창업에서 또 하나의 진실을 배웠다. '돈과 기술만으로는 부족하다. 내 몸과 마음도 중요한 자원이다.'

결국 가게를 정리하고 학교로 돌아가 공부를 이어갔다. 누군가는 실패라 말할지 모르지만, 오히려 그 과정을 통해 창업의 길은 하나가 아님을 배웠다. 언젠가는 다시 새로운 길을 찾을 수 있다는 자신감이 생겼다.

정부 지원 사업, 두 번째 기회를 열다

가게를 정리하고 방황하던 시절, 우연히 '스타트업'이라는 드라마를 보게 되었다. 드라마는 내게 장사와 사업의 차이를 일깨워주었다. 단순히 물건을 파는 것에서 그치지 않고, 체계적인 계획과 비전을 바탕으로 사람들을 설득하는 과정이 바로 사업이었다. 그 가운데 특히 눈에 들어온 것은 '정부 지원 사업'이었다. 사업 계획서를 쓰고, IR 발표를 통해 지원금을 받는다는 이야기는 내게 신선한 충격이었다.

'돈이 없어도 시작할 수 있구나.'

예비 창업자로 정부 지원 사업에 지원했다. 처음 사업 계획서를 작성할 땐 한 장을 채우는 것조차 힘들었다. 그러나 다시 생각해 보니, 이것은 단순히 서류를 작성하는 일이 아니라 내 아이디어를 현실로 구체화하는 과정이었다. 하루하루 아이템을 다듬으며 사업이란 결국 '상상력을 실행 가능한 형태로 바꾸는 작업'임을 알게 되었다.

IR 발표를 준비하면서는 또 다른 성장이 있었다. 그동안 손님을 상대로 이야기하던 것과는 달리, 이제는 전문가와 심사위원을 설득해야 했다. 논리와 데이터, 그리고 진정성이 필요했다. 덕분에 발표력과 설득력을 동시에 기를 수 있었다. 놀랍게도 대회에서 수상했고, 상금까지 받았다. 금전적 보상보다 더 값진 것은 '돈이 없어도 시작할 수 있다'는 확신이었다.

이 경험은 내게 두 가지 중요한 가르침을 주었다. 첫째, 창업은 자본보다 아이디어와 실행력이 더 큰 힘을 가진다. 둘째, 세상에는 무자본 창업자를 돕는 제도가 분명 존재한다는 것이다. 우리가 조금만 더 적극적으로 찾아 나선다면, 정부 지원 사업이나 창업 지원 프로그램은 분명 든든한 징검다리가 될 수 있다.

도전과 배움, 그리고 창업자의 길

돌아보면 내 창업의 여정은 끊임없는 도전과 배움의 연속이었다. 그 과정에서 가장 크게 얻은 깨달음은 이것이다.

'100% 성공하는 창업은 없다. 그러나 시작하지 않으면 확률은 0%다.'

창업은 언제나 불확실하다. 실패할 수도 있고, 예기치 못한 난관이 닥칠 수도 있다. 그러나 시작조차 하지 않으면, 성공은 절대로 찾아오지 않는다. 무자본 창업은 특히 쉽지 않다. 자원이 부족하니 아이디어를 더 구체적으로 다듬어야 하고, 실행에서 더 많은 땀을 흘려야 한다. 하지만 바로 그 과정이 나를 단단하게 만들었다.

무엇보다 시대는 변하고 있다. 요즘은 온라인 플랫폼, 대행 서비스, 크라우드 펀딩 등 무자본 창업을 위한 길이 다양하다. 초기 비용 없이 스마트스토어나 배달앱에서 가게를 열 수 있고, 마케팅이나 디자인은 아웃소싱을 통해 저비용으로 해결할 수도 있다. 이런 방법들은 돈이 부족한 이들에게 큰 기회가 된다.

또 하나 중요한 것은 '사람'이다. 늘 혼자가 아니었다. 도움을 청하면 누군가는 손을 내밀었고, 진심으로 다가가면 동지는 반드시 생겼다. 창업에서 가장 큰 자본은 어쩌면 돈이 아니라 관계일지도 모른다. 나는 이제 다른 이들에게도 말하고 싶다. 돈이 없다고 두려워하지 말라고. 시작은 언제나 부족한 조건 속에서 이루어진다고. 그리고 성공은 끝내 포기하지 않는 자만이 누릴 수 있다고.

창업의 세계는 무한한 가능성으로 열려 있다. 중요한 것은 두려움보다 간절함이 더 크다는 사실이다. 나의 경험이 누군가에게 첫발을 내딛는 용기가 되길 바란다. 실패를 두려워하지 않고, 도전 속에서 배우며, 자기만의 이야기를 써 내려가는 이들이 늘어나길 소망한다.

아무도 알려 주지 않는
초보 대표의 현실적인 돈 관리법

대표라는 이름의 첫걸음, 기대와 현실의 간극

대표라는 직책에 첫발을 내디뎠을 때, 마음속은 기대와 설렘으로 가득 차 있었다. 수많은 드라마와 영화 속에서 보아온 대표들의 모습은 늘 화려했다. 고급 식당에서 와인을 곁들이며 웃음을 나누고, 멋진 양복 차림으로 자신감 넘치게 회의를 이끌어가는 장면들은 내게 큰 동경을 주었다. 언젠가 나도 저런 모습으로 살아가리라는 상상은 나를 들뜨게 했다.

그러나 현실은 그 화려한 장면과는 전혀 달랐다. 내가 처음 맞닥뜨린 것은 '투잡'이라는 단어였다. 낮에는 본업을 이어가면서도, 오후에는 아르바이트를 해 직원들의 월급을 지급해야 했다. 대표라는 자리는 책임을 뜻했고, 그 책임은 곧 누군가의 삶을 떠받치는 일이었다. 매달 돌아오는 급여일은 나를 긴장하게 만들었고, 회사라는 배를 띄우기 위해 내 삶의 모든 시간을 쏟아야 했다.

대표라는 직함은 단순한 타이틀이 아니었다. 그것은 누군가의 생계를 책임지는 무게였고, 내 사소한 선택 하나가 직원들의 한 달을 좌우할 수 있다는 사실을 의미했다. 그 무게를 감당하는 과정에서 '돈'이라는 존재를 전혀 새로운 방식으로 바라보게 되었다. 돈은 단순히 벌고 쓰는 수단이 아니라, 회사를 지속시키고 사람들을 지켜내는 생존의 도구였다.

작은 기록이 만든 큰 변화

그 무게를 감당하기 위해 무엇을 해야 하는가를 고민했다. 답은 의외로 단순했다. '들어오는 돈'을 갑자기 늘릴 수는 없지만, '나가는 돈'을 조율하는 것은 가능하다는 것이다. 그래서 나 자신과의 약속처럼 매일 가계부를 쓰기 시작했다.

처음에는 귀찮았다. 천 원 단위의 지출을 적는 일이 무슨 의미가 있을까 싶었다. 그러나 기록을 쌓아두니 내 삶이 숫자로 보였다. 식비, 교통비, 커피값, 편의점 간식비. 사소하게 흘려보냈던 지출들이 한 달을 합치면 놀라운 액수가 되었다. 그 순간 깨달았다. 돈은 잃어버리는 것이 아니라, 내가 흘려보내고 있었다는 것을.

가장 큰 비중은 예상대로 식비였다. 사업과 아르바이트를 병행하다 보니 집에서 요리할 시간은 줄었고, 결국 배달앱과 외식에 의존하게 되었다. 하지만 그것은 내 주머니를 잠식하는 가장 빠른 통로였다. 그래서 나는 '식단을 미리 계획하기'라는 작은 실천을 시작했다. 아침에는 간단히 블루베리와 닭가슴살, 현미밥으로 에너지를 채우고, 점심은 회사 근처

식당에서 일반식을 하되 저녁은 가볍고 단백질 위주로 구성했다. 레시피를 따로 고민할 필요도 없었다. 인터넷과 유튜브에는 이미 수많은 식단 아이디어가 있었고, 그것을 조금씩 응용하면 충분했다. 이렇게 정해둔 식단을 따르자 한 달의 식비가 눈에 보이기 시작했고, 그동안 얼마나 무심코 지출했는지를 실감했다.

더 나아가 다른 지출도 꼼꼼히 기록했다. 교통비를 줄이기 위해 대중교통 정기권을 사용했고, 커피를 매일 사 마시던 습관을 주 2회로 줄였다. 어떤 날은 텀블러에 직접 커피를 내려 출근길에 챙겼는데, 그 사소한 행동이 쌓여 의외의 금액을 절약하게 해주었다. 작은 습관의 변화는 곧바로 숫자로 나타났다. 한 달 평균 70만 원에 달하던 소비는 40만 원 수준으로 줄었고, 30만 원이 저축으로 돌아왔다. 그 순간 느꼈다. 저축은 단순히 돈을 모으는 과정이 아니었다. 그것은 마음의 안정을 쌓는 과정이었다. 계좌에 쌓이는 금액이 늘어날수록 불안은 줄었고, 다시 도전할 용기가 커졌다. 돈은 내게 단순한 숫자가 아닌, 미래를 열어가는 자원이었다.

돈 관리를 넘어 삶을 설계하는 법

초보 대표가 가장 쉽게 빠지는 착각은 '매출이 늘면 모든 문제가 해결될 것'이라는 생각이다. 그러나 현실은 정반대였다. 매출은 오를 때도 있지만, 언제든 떨어질 수 있었다. 중요한 것은 그 변화에 휘둘리지 않는 것이었다. 그 힘은 꾸준한 지출 관리에서 비롯되었다. 회사 자산과 개인

생활비, 저축을 어떻게 분리하고 균형을 맞출지 고민했다. 결국 내린 결론은 '내 월급도 회사 자산처럼 관리해야 한다'는 것이었다. 매달 일정 금액을 저축으로 빼놓고, 나머지로 생활하는 습관을 들였다. 덕분에 예기치 못한 상황이 닥쳐도 크게 흔들리지 않을 수 있었다.

물론 예상치 못한 순간은 늘 찾아왔다. 프로젝트가 지연되거나, 갑작스러운 지출이 생기면 마음이 무너지는 날도 있었다. 하지만 그럴 때마다 내 가계부를 다시 들여다보았다. 기록을 통해 '불안'이라는 감정을 숫자로 바꾸어 객관적으로 바라볼 수 있었다. 그것은 위기를 이겨내는 나만의 방법이었다. 돈 관리는 단지 금전적인 문제에만 머무르지 않았다. 직원들과의 대화에서도 큰 영향을 주었다. 서로의 경제적 상황을 공유하고, 회사가 어떻게 안정적으로 운영되어야 하는지 함께 고민하는 과정은 자연스럽게 협력 문화를 만들었다. 직원들은 단순히 월급을 받는 사람이 아니라, 함께 회사를 키워가는 동반자로 느껴졌고, 그것은 곧 회사의 힘이 되었다.

또한 개인의 삶에서도 변화를 경험했다. 돈을 기록하고 관리하면서 불필요한 소비 대신, 나를 성장시키는 데 투자하는 법을 배웠다. 책을 사고, 강연을 들으며 스스로를 채워 나갔고, 이는 다시 회사 운영에도 긍정적인 영향을 주었다. 작은 돈 관리 습관이 결국 내 삶 전체의 질을 바꾸어 놓은 것이다.

이 모든 과정에서 중요한 깨달음을 얻었다. 돈 관리는 '절약의 기술'이 아니라 '삶을 설계하는 방법'이라는 것이다. 작은 실천이 미래를 바꾸고, 오늘의 선택이 내일의 안전망이 되었다. 이제 돈이 나에게 다가오는 것이 아니라, 내가 돈을 다루어 나가는 삶을 살고 있다. 그 속에서 더 큰 목표를 세우고, 이를 향해 나아갈 수 있는 원동력을 얻었다. 앞으로도 많은 초보 대표들이 나처럼 지출을 기록하고, 생활을 관리하며, 돈을 통해 삶을 다시 설계하는 경험을 하길 바란다. 화려한 드라마 속 장면은 아닐지라도, 현실을 단단히 살아가는 그 과정이야말로 진짜 대표의 삶을 만들어간다고 믿는다. 작은 돈 관리가 결국 큰 인생의 방향을 바꿀 수 있음을, 내 경험이 증명해 주고 싶다.

대표라고 불리긴 민망한
초보 사장의 첫날

대표라는 이름의 무게

2022년 12월, 내 손에 법인 사업자 등록증이 쥐어졌을 때의 떨림은 지금도 뚜렷하다. 차가운 종이의 질감이 손끝에 전해지던 순간, 그 종이는 단순한 문서가 아니라 내가 걸어온 시간과 앞으로 걸어가야 할 길의 무게를 고스란히 담고 있었다. 누군가에게는 수많은 종이 중 하나일 뿐이겠지만, 내게는 오랜 준비와 망설임, 포기하고 싶었던 순간까지도 다 품어낸 결실이었다. 동시에 '대표'라는 단어가 내게 던져주는 압박감과 책임이 숨을 막을 듯 다가왔다.

법인 설립 과정은 생각보다 훨씬 더 복잡했다. 개인 사업자와 달리 법인은 절차가 까다롭고, 제출해야 할 서류의 양은 끝이 보이지 않았다. 은행 창구에서 법인 통장을 개설하기 위해 줄을 서고, 등기국에서 수많은 서류를 제출하며 다시 수정 요청을 받기도 했다. 세무서에서는 법인세 신고 구조에 대한 설명을 들으며 고개를 끄덕였지만, 머릿속은 복잡하기만 했다. 서류는 꼬리에 꼬리를 물었고, 행정은 냉정했다. 하루를 다 바쳐 준비해도 다음 날 또 다른 요청이 날아왔다.

그럼에도 불구하고, 그 과정을 밟아가는 동안 기묘한 위안을 얻었다. '내가 지금 진짜로 무언가를 시작하고 있구나' 하고 실감하였다. 그 과정은 마치 수많은 퍼즐 조각을 맞추어 한 장의 그림을 완성해 가는 것 같았다. 각 서류는 퍼즐의 한 부분이었고, 그 조각이 차곡차곡 모여 하나의 회사라는 실체를 만들어 주었다.

늦은 밤, 아무도 없는 사무실에 홀로 앉아 서류와 씨름하던 날이 있었다. 창밖에는 가로등 불빛이 희미하게 흔들렸고, 책상 위에는 서류가 쌓여 있었다. 그 속에서 끊임없이 자신에게 묻곤 했다. '정말 내가 이걸 해낼 수 있을까? 이 길의 끝에는 무엇이 있을까?' 하지만 결국 포기하지 않고 다시 펜을 들어 서명을 하고, 도장을 찍으며, 끝내 모든 과정을 마무리 지었다. 그때 느꼈던 묘한 전율은 아직도 잊을 수 없다. 비록 서툴고 어리숙했지만, 그 순간만큼은 내 인생에서 가장 진지하고 뜨거운 순간이었다.

창업을 준비하는 누구에게나 이 과정은 단순히 행정 절차 이상의 의미를 지닌다. 법인 설립은 대표라는 단어가 가진 무게를 온몸으로 체감하게 해주며, 동시에 앞으로의 여정을 준비시키는 일종의 통과 의례이기 때문이다.

무보수 대표의 현실과 다짐

'대표 이사'라는 이름을 처음 달고 맞이한 출근길은 이상할 만큼 특별했다. 어제와 똑같이 지하철에 몸을 싣고, 똑같은 거리를 걸어 사무실에 들어갔을 뿐인데, 내 마음은 달라져 있었다. 주변 사람들은 여전히 나를 평범한 직장인처럼 보았겠지만, 내면의 변화를 누구보다 또렷하게 알고 있었다. 책상 앞에 앉아 펜을 들었을 때, 업무 일지는 단순한 기록지가 아니었다. 그것은 나와 회사의 미래를 설계하는 도화지였고, 한 줄 한 줄은 내가 그려가는 길의 선명한 자취였다.

하지만 현실은 차갑게 다가왔다. 법인 대표라는 타이틀은 외적으로 화려해 보이지만, 내 손에 들어오는 월급은 한 푼도 없었다. 초창기 스타트업 대부분이 그러하듯, 나 역시 '무보수 대표'였다. 직원들은 근로 계약서를 쓰고 약속된 월급을 받지만, 대표는 회사의 자금 사정이 안정될 때까지 아무런 보수를 받을 수 없다. 때로는 억울함이나 서운함이 밀려왔지만, 그것을 성장의 기회로 삼기로 했다. '언젠가 회사가 제 궤도에 오르면, 지금의 무보수 시간은 값진 밑거름이 될 것이다'라는 믿음을 품었다.

생계를 유지하기 위해 다양한 부업을 병행했다. 낮에는 회사를 운영하고, 밤에는 아르바이트를 하며 체력을 쏟아내야 했다. 퇴근 후 밀려드는 피로에 쓰러질 듯한 순간도 많았지만, 그 속에서도 '내가 책임지고 있는 회사와 직원들이 있다'는 사실은 나를 다시 일으켜 세웠다. 결국 이 과정은 나를 단련시키는 훈련이 되었고, 경영자로서 가져야 할 태도를 깨닫게 해주었다. 대표는 단순히 돈을 버는 사람이 아니라, 먼저 책임을 지는 사람이라는 사실을 뼈저리게 느낄 수 있었던 것이다.

돌이켜보면, 이 경험 속에서 배운 가장 실질적인 교훈은 '자금 관리의 철저함'이었다. 생활비와 사업 자금을 구분하지 못하면 금세 혼란에 빠진다. 처음에는 이 경계를 제대로 지키지 못해 어려움을 겪었지만, 이후에는 반드시 생활비를 별도로 관리하며 회사를 운영했다. 무보수 대표라는 현실은 고단했지만, 그 속에서 누구보다 단단해졌다.

대표라는 길 위에서 배우는 것들

시간이 흐르면서 점차 깨달았다. 대표란 완벽한 정답을 가진 사람이 아니라, 수많은 질문 속에서 길을 찾아가는 존재라는 것을. 가끔은 막막함이 밀려왔다. '매출은 언제쯤 오를까?', '지금의 전략은 맞는 걸까?', '정말 내가 회사를 성장시킬 수 있을까?' 그러나 그 질문은 나를 더욱 강하게 만들었다. 정답을 찾아내려는 과정에서 내 실력은 서서히 단단해졌고, 그 성장은 작은 성취로 이어져 다시 나를 앞으로 밀어주었다.

무엇보다도 가장 큰 배움은 '소통의 힘'이었다. 팀원들과 함께 나누는 대화 속에서 더 나은 아이디어가 탄생했고, 서로의 목소리에 귀 기울일 때 조직은 더욱 강해졌다. 그 과정을 통해 알게 되었다. 리더십이란 권위를 앞세우는 것이 아니라, 공감과 신뢰를 기반으로 쌓아가는 것이라는 사실을.

불안은 여전히 나를 따라다닌다. 하지만 이제는 그 불안을 두려움으로만 받아들이지 않는다. 그것은 나를 긴장하게 만들고, 더 나아지려는 원동력이 되어준다. 실패 역시 마찬가지다. 성공한 기업가들의 이야기를 들을 때마다 깨닫는다. 그들 또한 수많은 실패와 좌절을 겪었지만, 그것을 배움으로 삼았기에 지금의 위치에 설 수 있었다는 것을. 나 역시 실패를 마주할 것이다. 그러나 이제는 그것을 무너짐이 아니라 성장의 과정으로 받아들이려 한다.

매일 아침 출근길, 스스로에게 다짐한다. '오늘은 새로운 기회를 만들어가는 날이 될 것이다.' 이 단순한 다짐이 하루의 무게를 견디게 하고, 나를 다시 일으켜 세운다. 초보라는 수식어는 여전히 내 이름 앞에 따라붙지만, 이제 그 단어조차 나의 포부로 삼고 싶다. 초보라는 이름은 아직 배우고 있다는 증거이자, 앞으로 무궁무진하게 성장할 수 있다는 가능성이기 때문이다.

앞으로의 길도 분명 쉽지 않을 것이지만 이젠 알고 있다. 작은 걸음이 쌓이면 큰 길이 되고, 오늘의 고된 발걸음이 내일의 회사를 만든다는 것을. 실패도, 불안도, 무보수의 현실도 이제는 내 여정의 일부다. 이 모든 것을 껴안으며 더 나은 대표로 성장하리라는 믿음을 품고 있다. 언젠가 내가 이끄는 회사가 세상에 좋은 영향을 미칠 수 있기를, 그리고 오늘의 걸음이 내일 누군가에게 용기가 되기를 간절히 바란다.

넷플릭스

리드 헤이스팅스

실패를 혁신으로 바꾼 '집요한 실험가 정신'

넷플릭스의 공동 창업자 리드 헤이스팅스는 원래 수학 교사였다. 그가 창업에 뛰어든 건 단순히 돈을 벌기 위해서가 아니라, 세상의 불편함을 해결하고 싶다는 강렬한 호기심 때문이었다.

VHS(가정용 비디오 방식) 시절, 연체료로 인해 블록버스터와 다투던 경험이 넷플릭스의 출발점이 되었다.

그러나 초창기 넷플릭스는 실패의 연속이었다. DVD 대여 모델은 수익이 나지 않았고, 투자자들은 냉소적이었다. 하지만 헤이스팅스는 '사업 모델이 아니라 고객 경험을 실험하자'는 태도를 고수했다. 그는 60회 이상 가격 정책을 바꾸고, 고객 데이터를 분석해 '정액제 구독'이라는 모델을 탄생시켰다. 수익 구조보다 고객의 불편을 줄이는 데 집중한 결과였다.

이후 그는 또 한 번의 도전을 감행한다. "DVD는 사라질 것이다." 누구도 믿지 않던 시절, 그는 전사적으로 스트리밍 기술에 투자했다. 내부 반발이 컸지만, 그는 "언젠가 사람들은 디스크 대신 버튼 하나로 영화를 볼 것"이라 확신했다. 이 결단은 기업의 운명을 바꾸었다. 넷플릭스는 단순한 유통업체에서 콘텐츠 제작자로 진화했고, 지금은 '로컬 포 로컬(local for local)' 전략을 내세우고 있다. 한국, 일본, 스페인, 인도 등 각 지역의 창작자들이 현지 언어와 문화로 콘텐츠를 만들고, 그 작품이 다시 전 세계로 퍼져나가는 구조다. <오징어 게임>, <종이의 집>, <나르코스> 등이 대표적인 사례다.

리드 헤이스팅스의 이야기는 창업의 본질을 다시 일깨운다. 완벽한 계획보다 중요한 것은, 실패를 실험으로 전환하는 태도라는 것. 그의 말처럼 "혁신은 불편함에서 태어나며, 대표의 집요함에서 완성된다." 그가 우리에게 남긴 마인드는 다음과 같다.

첫째, 대표라면 '지금 해결해야 할 고객의 불편함'에 집중하라. 불편을 바꾸면 시장이 열린다.

둘째, 실패를 두려워 말고 실험하라. 계획이 틀릴 수도 있지만, 그 과정에서 배우는 것이 더 크다.

셋째, 조직 문화와 경험을 바꿀 용기를 가져라. 기술보다 더 중요한 것은 '사람이 느끼는 가치'다.

이처럼 리드 헤이스팅스의 여정은 "대표라면 매일 고객의 입장이 되어 보고, 실패를 검증 삼아 다음 실험을 준비하라"는 메시지를 남긴다.

대표라면 반드시 알아야 할 창업의 기술

2장

이렇게
돈을 받긴 받았습니다

정부 지원금을 받기 위한 시행착오 & 사업 계획서 작성기

2-1

사업 계획서?
그게 뭐죠?

계획이라는 단어가 던지는 물음

"너는 다 계획이 있구나"라는 영화 속 대사는 단순한 대사가 아니라, 우리가 살아가며 수없이 들어온 질문과도 같다. 어린 시절부터 어른들은 늘 목표와 계획의 중요성을 강조했다. 그러나 성인이 되어 삶을 직접 꾸려가다 보니 문득 의문을 품게 되었다. 계획을 완벽히 세운다고 해서 반드시 성공할 수 있을까? 계획만으로 인생이 원하는 방향으로 흘러간다면 누구나 성공했을 것이다. 하지만 현실은 그렇지 않다. 그렇다고 아무런 계획 없이 무작정 발걸음을 내딛는 것은 더 큰 위험을 불러온다. 결국 중요한 것은 계획의 '완벽함'이 아니라, 계획을 통해 나아갈 길을 정리하고 스스로를 단단히 세우는 과정 그 자체였다.

경기도 시흥에서 횟집을 운영하며 사회생활의 첫 경험을 쌓았다. 장사라는 것이 얼마나 치열하고, 동시에 보람 있는 일인지 체감할 수 있었던 시간이었다. 이후 학업을 마무리하기 위해 대전으로 내려왔고, 다시금 내 앞에 새로운 고민이 닥쳤다. '대학생 신분으로 학업과 병행할 수 있는 사업은 무엇일까?' 그때 군 복무 시절 떠올린 아이디어가 다시 고개를 들었다. 소방 호스를 활용해 반려동물을 위한 장난감을 만드는 일이었다. 튼튼하고 오래 쓸 수 있으며, 동시에 환경 문제까지 해결할 수 있는 아이템이었다. 그러나 마음속 설렘과는 달리, 학업과 병행할 수 있을지에 대한 두려움이 나를 괴롭혔다.

바로 그때, 학교 홈페이지에 적힌 단어 하나가 내 시선을 붙잡았다. '스타트업'. 창업을 희망하는 학생들을 위한 교육 프로그램이었고, 학점까지 인정받을 수 있다는 사실에 주저 없이 신청했다. 새로운 기회를 향한 기대감이 가슴 가득 차올랐다.

사업 계획서라는 낯선 세계

첫 수업날, 자신감에 차 있었다. 이미 오프라인에서 요식업을 경험했기에, 사업을 운영할 수 있다는 믿음이 있었다. 하지만 교수님이 첫 질문을 던지는 순간, 나의 마음은 흔들렸다.

"여러분, 사업 계획서가 무엇인지 아시나요?"

순간, 머릿속이 하얘졌다. '사업 계획서? 그게 뭐지?' 낯선 단어 앞에서 나의 가슴은 두근거렸지만, 동시에 모른다는 사실을 받아들이기로 했다. 새로운 길을 걷는다는 것은 모르는 것을 배워나가는 과정이기도 하니까.

교수님은 사업 계획서의 핵심을 세 가지 질문으로 정리했다.

첫째, 현상은 무엇인가?
둘째, 문제는 무엇인가?
셋째, 솔루션은 무엇인가?

이 단순하지만 본질적인 세 가지 질문은 나에게 커다란 깨달음을 안겨 주었다. 내가 준비한 아이템, 즉 폐소방 호스를 활용한 강아지 장난감을 예로 들어 보면, 현상은 반려동물 양육 인구가 증가하고 있다는 사실과 매년 수많은 소방 호스가 폐기된다는 현실이었다. 문제는 기존 반려견 장난감의 내구성이 약하고, 버려지는 소방 호스가 환경 오염을 초래한다는 점이었다. 마지막으로 솔루션은 버려지는 소방 호스를 세척해 튼튼한 장난감으로 재탄생시키는 것이었다.

사업 계획서를 작성하는 과정은 쉽지 않았다. 하지만 아이디어를 하나하나 논리적으로 정리해 나가며, 내가 그동안 막연하게만 생각했던 사업의 윤곽이 점차 선명해졌다. 발표를 통해 다른 사람들과 공유했을 때, 내 생각이 공감을 얻을 수 있다는 확신도 생겼다. 무엇보다 이 과정을 통해 계획이란 단순히 미래를 예측하는 것이 아니라, 아이디어를 현실로 만드는 다리라는 사실을 알게 되었다.

사업 계획서를 작성하며 내가 얻은 노하우는 세 가지였다.

첫째, 현상은 반드시 사실에 기반해야 한다. '라면은 맛있다'라는 주관적인 평가가 아니라, '대한민국 인구의 라면 소비량은 연간 몇억 개다'라는 객관적 데이터가 필요하다.

둘째, 문제를 바라보는 관점이 성패를 가른다. 내가 만든 아이템으로 해결할 수 있는 문제를 찾는 것이 핵심이었다. 폐소방 호스의 처리 문제와 기존 장난감의 내구성 부족은 내가 제시할 솔루션과 정확히 맞닿아 있었다.

셋째, 솔루션은 한 줄로 요약할 수 있어야 한다. '폐소방 호스를 활용한 내구성 강한 반려동물 장난감'이라는 문장은 내 아이디어를 명확하게 보여주었고, 이는 예상외로 큰 설득력을 발휘했다.

이 과정을 거치며 단순한 구상에서 벗어나, 실행 가능한 구체적 사업 전략을 세우는 법을 배웠다. 그리고 교수님의 피드백을 반영해 경쟁사 분석, 마케팅 전략, 매출 계획 등으로 사업 계획서를 더욱 풍성하게 다듬을 수 있었다. 그 결과, 아직 사업자 등록두 하기 전에 무려 1,700만 원의 지원금을 받는 성과를 거두었다. 이는 계획이 단순한 문서가 아니라 실제로 자금을 끌어올 수 있는 힘이라는 것을 보여준 결정적 경험이었다.

계획은 단순한 문서가 아니다

이후 창업 지원 활동에 참여하며, 사업 계획서의 중요성을 다른 청년 창업자들에게 알리고 있다. 그들과 대화를 나눌 때마다 느끼는 것은, 많은 이들이 여전히 '좋은 아이디어만 있으면 된다'고 믿는다는 것이다.

그러나 실제로는 아이디어를 구체화하고, 숫자와 전략으로 뒷받침하지 않으면 시장에서 설 자리를 찾기 어렵다.

사업 계획서를 작성하면서 계획이란 내 비전을 언어와 수치로 증명하는 과정임을 깨달았다. 계획을 통해 불확실한 미래가 조금은 예측 가능해지고, 두려움이 구체적인 준비로 전환된다. 또한, 계획은 나 혼자만을 위한 것이 아니라, 함께할 투자자와 동료들을 설득하는 언어이기도 했다.

사업을 시작하고자 하는 이들에게 항상 이렇게 조언한다.

첫째, 계획을 세울 때는 최대한 사실 기반의 데이터를 활용하라.
둘째, 문제를 정의할 때는 내 아이템이 왜 필요한가를 끊임없이 되물으라.
셋째, 솔루션은 짧고 강렬하게 정리해, 누가 들어도 이해할 수 있도록 표현하라.

이 세 가지 원칙만 지켜도 사업 계획서는 단순한 형식적인 문서가 아닌, 실행 가능한 전략서가 된다. 나 역시 이 과정을 통해 '계획이야말로 성공을 향한 첫 걸음'이라는 단순하지만 진실된 결론에 다다랐다.

지금도 새로운 창업자들의 아이디어를 보며 영감을 얻는다. 그들의 설렘과 두려움은 과거의 내 모습과 겹쳐지고, 그때마다 다시 초심으로 돌아간다. 사업 계획서를 처음 작성하던 그날의 긴장감과 뿌듯함, 그리고 지원금을 받으며 현실적인 힘을 느꼈던 그 순간까지. 모든 경험은 결국 나를 한 단계 더 단단하게 만들었다.

사업 계획서, 그것은 단순한 종이 뭉치가 아니다. 나의 비전을 담아낸 지도이자, 실행을 가능하게 하는 열쇠다. 그리고 이 열쇠는 누구에게나 주어질 수 있다. 중요한 것은 그것을 쥐고, 한 걸음 내디딜 용기를 가지는 일이다. 지금도 그 길 위에서 배우고, 나누고, 성장하고 있다. 그리고 바라건대, 누군가가 나의 경험을 읽고 그들만의 첫걸음을 내디딜 수 있기를 간절히 희망한다.

지원금 신청만 하면 준다고요?
네, 절대 아닙니다

예측 불가한 여정 속에서 만난 지원 사업

바쁜 일상 속에 놓여 있는 내 삶은 마치 예측할 수 없는 미로와도 같았다. 언제, 왜, 그리고 어떻게 내가 원하는 곳에 도착할 수 있을지 알 수 없는 그 여정 속에서, 시간의 흐름에 따라 내 관심사와 필요가 변화한다는 사실을 종종 깨닫곤 했다. 특히 새로운 정보와 기회를 만나 그것을 내 것으로 만들기 위해 애쓰는 순간에는 복잡한 감정이 더욱 짙어졌다. 지원 사업과 지원금에 대한 나의 접근 또한 그러한 과정 속에서 차츰 모습을 드러냈다.

코로나19가 세상을 뒤흔들며 정부는 다양한 지원금을 내놓았다. 조건만 충족한다면 누구나 신청할 수 있었고, 나 역시 그 혜택을 받은 수혜자 중 한 명이었다. 당시에는 마치 하늘에서 내려온 단비처럼 느껴졌다. 하지만 시간이 흐를수록 그것이 단순한 '혜택'이 아니라 철저한 준비와 도전 끝에 얻을 수 있는 성과임을 깨닫게 되었다. 처음에는 지원 사업에서 지급하는 자금이 모두에게 공평하게 돌아갈 것이라 믿었다. 사업 계획서가 1차 서류 심사를 통과하고 2차 발표평가에서 최종 선정되는 과정을 겪으면서도, 그저 '누구나 열심히 하면 받을 수 있겠지'라는 안일한 생각을 가졌다. 그러나 현실은 달랐다. 지원 사업에 신청한다고 해서 모든 이가 지원금을 줄 수 있는 것은 아니었다. 수많은 경쟁자들 속에서 기회를 얻지 못하는 이들이 훨씬 많았고, 인간이 심사하는 이상 주관적 판단이 개입되는 것은 어쩔 수 없었다. 심사위원의 한마디, 혹은 서류에 적힌 단 한 줄이 결과를 뒤집기도 했다.

그 과정을 통해 사람의 선택과 기회가 얼마나 예측 불가능한지, 그리고 '운도 실력'이라는 말이 결코 가벼운 표현이 아님을 실감했다. 미국의 한 사업가와 줌 미팅을 하던 날, 그는 "대한민국만큼 창업자에게 제공되는 지원 사업이 체계적으로 갖춰진 나라는 드물다"라고 말했다. 그 말은 내게 큰 충격이었다. 한국의 창업 환경이 갖는 특별함을 되새기게 해주었고, 동시에 내가 서 있는 무대의 소중함을 인식하게 만들었다. 결국 중요한 것은 주어진 기회를 어떻게 받아들이고, 그 속에서 어떻게 나의 색깔을 드러내느냐였다.

도전의 연속, 그리고 성장의 발자취

내가 처음 신청한 사회적기업가 육성 사업 예비 창업자 부문에서 최종 선정되었을 때, 그 경험은 내게 커다란 자신감을 안겨주었다. 단순히 자금을 지원받았다는 사실보다도, 내가 세운 계획과 비전이 누군가에게 인정받았다는 사실이 더 큰 의미였다. 작은 성공은 또 다른 도전을 부르는 법이었다. 단돈 100만 원의 지원부터 1억 원 규모의 사업까지, 금액의 차이는 있었지만 그 과정에서 느끼는 긴장과 설렘은 언제나 같았다. '과연 내가 만든 계획이 타인에게도 설득력 있게 다가갈까?'라는 물음은 늘 나를 자극했고, 그 물음에 답하기 위해 더 깊이 고민하고 준비할 수 있었다.

특히 'K-STARTUP'이라는 정부 지원 사업 공고 사이트는 내게 보물 지도와도 같았다. 처음에는 복잡한 절차와 낯선 용어들이 나를 주저하게 했지만, 매일같이 사이트를 들락거리며 정보를 찾는 습관이 생기자 오히려 그것이 하나의 일상처럼 자리 잡았다. 숨겨진 보석 같은 프로그램을 발견할 때면 가슴이 뛰었고, 그것을 내 사업과 연결해 보는 즐거움이 컸다.

이 과정은 단순히 지원금을 얻기 위한 경쟁이 아니었다. 지원 사업을 준비하는 과정 속에서 나의 사업 계획서를 수십 번, 수백 번 고치며 점점 더 정교하게 만들었다. 처음에는 '누구나 고개를 끄덕일 수 있는 논리'를 목표로 했지만, 시간이 지나면서는 내 사업이 사회에 어떤 의미를 줄 수 있는지, 어떤 차별성을 가질 수 있는지에 더 집중하게 되었다. 지원 사업은 자금 지원을 넘어 나를 성장시키는 훈련장이었다. 물론 모든 과정이 성공적이지만은 않았다. 탈락의 고배를 마시며 한동안 마음이 무너진 적도 있었다. 하지만 시간이 흐르면서 실패 역시 소중한 자산이라는 것을 깨달았다. 실패의 원인을 돌아보고, 다시 시도할 때는 한 줄이라도 더 설득력 있는 문장을 담으려 애쓰다 보면, 나도 모르게 내 사업 아이디어가 더 단단해지고 있었다. 그때 알았다. 지원금은 결과물이 아니라 과정 자체가 가치 있는 여정이라는 사실을.

지원금, 삶의 촉매제가 되다

지원 사업의 경험은 내게 단순히 금전적 자원을 얻는 수단이 아니었다. 지원금은 내가 원하는 길을 나아가게 하는 촉매제였고, 그 자체보다 더 중요한 것은 그 과정에서 얻은 경험과 교훈, 그리고 나와 함께했던 사람들과의 교류였다.

LH 소셜벤처 지원 사업에 도전하면서도 같은 깨달음을 얻었다. 경쟁은 치열했고, 지원금 액수는 커졌지만, 그 안에서 느낀 긴장과 설렘은 사회적 기업가 육성 사업에 처음 도전했을 때와 다르지 않았다. 중요한 것은 지원금 액수가 아니라, 그 과정을 통해 내 사업의 비전이 어떻게 더 깊어지고 확장되는가였다. 실패했을 때는 좌절도 했지만, 오히려 그 경험이 내 부족한 부분을 채워주는 거울이 되었다. 지원 사업은 단순히 '선정 여부'를 가르는 제도가 아니라, 나를 한 단계 더 성장시켜 주는 시험대였던 셈이다.

이제는 지원 사업에 도전하는 마음가짐이 달라졌다. 예전에는 단순히 '선정되면 좋겠다'는 바람이었다면, 지금은 '이 과정을 통해 무엇을 배우고 성장할 수 있을까'라는 질문이 더 크다. 그렇기에 결과가 어떻든 얻는 것이 많다. 내 계획이 사회에 어떤 가치를 더할 수 있을지, 시장에서 어떻게 차별화될 수 있을지를 매번 고민하는 과정 자체가 나의 역량을 키운다. 지원금은 삶의 전부가 아니다. 그러나 그것은 삶을 움직이게 하는 중요한 조각이자, 내 안의 가능성을 드러내게 하는 힘이다. 불확실한 시대일수록 끊임없이 도전할 것이고, 그 안에서 더 많은 기회를 만들어낼 것이다. 언젠가 나의 도전이 다른 이들에게도 용기가 되어, 그들 역시 자기만의 무대를 만들어갈 수 있기를 바란다. 그리고 안다. 이 길 위에서의 설렘과 두려움은 결국 같은 얼굴을 한 쌍둥이와 같다는 것을. 두려움이 있었기에 설렘이 더 커졌고, 설렘이 있었기에 계속 도전할 수 있었다. 오늘의 나는 어제의 실패와 내일의 희망이 함께 만들어낸 결과물이다. 언젠가 뒤돌아보면, 지원금이라는 작은 계기가 나의 인생을 움직인 거대한 동력이었다는 것을 미소 지으며 깨닫게 되리라 믿는다.

1차 탈락, 2차 탈락…
멘탈이 나가다

기대와 도전, 그리고 첫 번째 상처

바쁘고 정신없는 일상 속에서 우리는 종종 체력을 바닥내기도 한다. 이럴 때는 충분한 휴식을 취하고 다시 시작하면 된다. 하지만 마음이 지쳐버리면 이야기는 다르다. 의지와 동기부여가 사라진 사람에게는 아무런 조언도 소용이 없다. 마음이 꺾이는 이유는 무엇일까? 이 질문을 갖고 오랜 시간 반추해 보았다. 과거의 경험을 통해 깨달은 것은, '내가 아무리 노력해도 성공할 수 없을 것이다'라는 우울한 믿음이 결국 내 마음을 움켜잡는다는 것이었다.

현재 창업자들에게 컨설팅을 제공하는 직업을 가지게 된 나 또한 같은 어려움을 겪은 적이 있다. 사업을 운영한 지 2년이 지나고, 마침내 '청년창업사관학교'라는 정부 지원 사업에 선정돼 1억 원의 지원금을 받았을 때였다. 정부의 지원이 단순히 돈을 넘어 새로운 기회를 열어 준다는 사실을 알게 되었고, 나의 자신감은 날개를 단 듯 커졌다. 상상 이상으로 다양한 지원 사업이 있다는 사실은 나를 더욱 도전적으로 만들었고, 불타는 열정을 안고 새로운 지원 사업에 연이어 도전하기 시작했다.

하지만 열정은 때로 자만심으로 이어진다. ECO 사업 아이템에 적합한 두 가지 지원 사업에 사업 계획서를 제출하기 위해 팀원들과 수많은 밤을 지새웠다. 기관마다 원하는 형식과 강조점이 달라 맞추는 것이 쉽지 않았지만, 준비하는 동안 스스로 성장하고 있다는 확신이 있었다. 제출을 마친 순간은 마치 교수님께 과제를 제출한 듯 긴장되면서도 속이 시원했다. 그만큼 결과에 대한 기대도 커졌다.

그러나 결과 발표일, 차갑게 날아든 메일 한 통이 나를 무너뜨렸다. "귀하는 이번에 지원하신 지원 사업에 선정되지 못하였음을 알려드립니다." 순간, 입술을 깨물었던 힘이 빠져나가고, 눈빛이 텅 비어버렸다. 사람이 무너지는 데는 그리 오랜 시간이 필요하지 않다는 사실을 뼈저리게 느꼈다.

두 번째 탈락과 무너지는 멘탈

첫 번째 낙방의 충격은 컸지만, 마음을 다잡으려 애썼다. '아직 한 개 남았다. 이번에는 붙을 수 있을 거야.' 나 자신을 위로하며 남은 결과에 희망을 걸었다. 그러나 그 기대는 오히려 더 큰 불안을 낳았다. 출근 후 메일함을 열어보는 일조차 두려워졌다.

며칠이 지났을까. 마침내 "결과를 알려드립니다"라는 제목의 메일이 도착했다. 심장이 요동쳤고, 손끝은 떨렸다. 떨리는 마음으로 페이지를 열어보니, 두 번째 결과 역시 탈락이었다.

"정해진 기준에 따라 평가가 진행되었으며, 귀하는 이번에 선정되지 못하셨습니다."

한 줄의 문장이 내 한 달 넘는 노력과 열정을 무참히 짓밟았다. 모니터 앞에서 한동안 움직이지 못했다. 머릿속에는 '대체 어떤 기준으로 평가한 걸까? 내가 놓친 게 무엇일까?'라는 물음만 맴돌았다. 하지만 답은 없었다. 지원 사업 담당자에게 물어도 "내부 평가 기준에 따른 결과'라는 짤막한 대답만 돌아올 뿐이었다.

그때의 상실감은 단순히 사업 계획서의 탈락을 넘어, 내 존재 자체가 부정당한 듯한 기분이었다. 사람의 의지는 이렇게 쉽게 무너질 수 있다는 것을 뼈저리게 깨달았다. 무기력은 파도처럼 밀려왔고, 한동안 아무 일에도 손이 가지 않았다. 창업을 준비하는 후배들에게 "멘탈 관리가 제일 중요하다"라고 말하던 나조차, 현실의 실패 앞에서는 흔들릴 수밖에 없었다. 그 무력감 속에서 '다시 도전해야 하나, 아니면 잠시 멈춰야 하나'라는 고민이 꼬리를 물고 이어졌다.

실패에서 배운 태도와 다시 일어서기

시간이 흘러 돌이켜보니, 이 경험은 단순히 실패가 아니었다. 창업과 지원 사업에 도전하는 과정에서 중요한 것은 '합격 여부'보다 '마음을 다스리는 힘'이라는 사실을 배운 것이다.

지원 사업은 시험이나 대회처럼 결과를 예측할 수 없는 영역이다. 아무리 철저히 준비해도 심사위원의 성향이나 시기의 운에 따라 결과가 달라질 수 있다. 그렇기에 탈락은 결코 내 능력 전부를 부정하는 것이 아니다. 하지만 그 사실을 인정하고 받아들이는 데는 시간이 필요했다.

이후 마음가짐을 새로 정리하기로 했다. 첫째, 결과를 받아들이되 거기에 매몰되지 말 것. 둘째, 탈락의 이유를 곱씹기보다는 다음 도전을 위한 교훈으로 바꿀 것. 셋째, 무엇보다 스스로의 열정을 지켜낼 것.

실제로 몇 번의 실패를 겪으면서 사업 계획서를 작성할 때 '심사위원이 보고 싶어 하는 관점'과 '내가 말하고 싶은 관점'을 분리해 생각하는 방법을 배웠다. 다시 말해, 내가 하고 싶은 이야기만 하는 것이 아니라, 듣는 이가 무엇을 필요로 하는지 파악하는 능력이 쌓였다. 이러한 태도는 단순히 지원 사업뿐만 아니라 투자 유치, 고객 설득, 파트너십 협상 등 창업 전반에 적용할 수 있는 실용적인 교훈이 되었다.

또 하나 얻은 깨달음은, 멘탈을 회복하는 데는 작은 루틴이 필요하다는 점이었다. 매일 아침 30분이라도 산책을 하거나, 하루를 시작하기 전 감사한 일을 적어 보는 것 같은 단순한 습관이 의외로 큰 힘이 되었다.

더 나아가 운동으로 땀을 흘리거나, 짧은 명상을 통해 마음을 정리하는 것도 큰 도움이 되었다. 때로는 같은 길을 걷는 동료 창업자들과 대화를 나누는 것만으로도 '나 혼자가 아니다'라는 안도감을 얻을 수 있었다. 실패는 혼자만의 무게처럼 느껴지지만, 공유하는 순간 그 무게는 조금은 가벼워진다.

무엇보다 중요한 것은, 실패가 나를 끝내 좌절시키지 않았다는 점이다. 실패는 끝이 아니라 또 다른 시작의 신호였다. 도전의 길에서 누구나 탈락을 경험한다. 중요한 것은 그 순간을 어떻게 받아들이느냐이다. 무너져 버릴 수도 있지만, 그 순간을 디딤돌로 삼을 수도 있다. 이제 실패를 두려워하지 않는다. 오히려 실패는 다음 기회를 향한 연습이라는 마음으로 받아들이려 한다. 언젠가 다시 도전할 순간이 오면, 조금 더 단단해진 마음으로 맞이할 수 있을 것이다.

"실패는 새로운 시작을 위한 준비 과정이니, 멈추지 말고 계속 도전하자."

내 다음 도전이 무엇이 될지는 알 수 없지만, 실패를 통해 단단해진 나는 더 이상 예전의 내가 아니다. 앞으로도 성장한 나 자신을 믿으며, 또 다른 길 위에서 흔들리더라도 다시 일어날 것이다.

이건 써야 한다!
사업 계획서에 반드시 들어갈 3가지

"경험으로 사는 것은 값비싼 지혜다" – 조저 애스컴

인생의 어느 순간이든 우리는 과거를 돌아보곤 한다. 만약 그때로 돌아간다면 다른 선택을 했을까, 혹은 정반대의 길을 걸었을까. 이런 상상은 때로 후회의 감정을 불러오지만, 동시에 깨달음을 준다. 내가 종종 이런 생각에 잠기는 이유는 단순하다. 우리는 비로소 경험을 통해 진리를 배우기 때문이다. 경험은 '무지'를 수정하는 값비싼 자산이며, 동시에 앞으로의 발걸음을 신중하게 만드는 경계심을 준다. 지금 내가 몰두하고 있는 일이 나중에 후회의 흔적으로 남지 않기를 바라는 마음, 그것이 늘 나를 긴장하게 한다.

많은 사람들은 불확실한 미래를 조금이라도 예측하고자 한다. 그래서 올바른 현재의 선택을 통해 선견지명에 가까워지고 싶어 한다. 나 또한 사업을 처음 시작했을 때, 눈앞의 길이 안개처럼 뿌옇게 보였다. 특히

'업사이클링 제조 회사'라는 새로운 타이틀로 20개가 넘는 지원 사업에 도전했던 시간은 내게 혼란과 배움이 뒤섞인 시기였다. 물론 모두 성공하지는 못했지만, 그 과정에서 사업 계획서를 효율적으로 작성하는 지혜를 얻었다. 지금 돌이켜 보면, 그때 알았더라면 놓치지 않았을 기회들이 여전히 아쉽다. 그래서 오늘은 내가 얻은 경험을 바탕으로, 사업 계획서에 반드시 담아야 할 세 가지 핵심 요소를 나누고자 한다.

보도자료로 사실에 힘을 싣다

사업 계획서에서 가장 기본적이면서도 중요한 것은 '현상'을 정확히 짚는 일이다. 그러나 많은 초기 창업자들은 이 부분에서 자주 실수를 한다. 현상 기술은 단순히 내 생각이나 주관적 느낌을 적는 자리가 아니다. 심사위원이 '사실'로 받아들일 수 있어야 한다. 예를 들어 "우리나라에는 대형견보다 소형견이 많습니다"라는 표현은 그럴듯해 보여도, 심사위원 입장에서는 근거 없는 주장일 수 있다. 하지만 "2023년 반려동물협회 보도자료에 따르면 대한민국 반려견의 70%는 소형견입니다."라고 쓰면, 이는 더 이상 추측이 아니라 확실한 사실이 된다. 출처가 있는 문장은 곧 객관적 신뢰를 얻는다. 내가 직접 발표를 하면서 크게 배운 점도 이 부분이었다. 아무리 좋은 아이디어라도 근거가 약하면 신뢰를 얻지 못한다. 오히려 작은 데이터라도 확실한 출처를 가진 문장이 사업 계획서 전체의 무게를 바꿔놓았다. 결국 사업 계획서는 나만의 생각을 적는 문서가 아니라, 심사위원이라는 청중을 설득하는 도구다. 보도자료와 같은 객관적 자료를 근거로 제시할 때, 비로소 문장은 힘을 갖는다.

경쟁사 분석 표로 설득력을 높이다

창업자에게 경쟁사 분석은 불가피한 과정이다. 사업 아이템을 고민하던 시절, 이미 비슷한 제품이 시장에 존재한다는 사실을 알고 여러 번 피벗해야 했다. 그때 깨달은 것은, 경쟁사 분석을 어떻게 보여주느냐가 곧 설득력의 차이를 만든다는 점이다.

특히 표를 활용한 정리는 심사위원들의 이해를 돕는 데 압도적인 효과가 있었다. 예를 들어, 내가 개발한 소방 호스 강아지 장난감을 기존 경쟁사 제품과 비교할 때, 단순히 글로 서술하면 복잡하고 길어졌다. 그러나 각 경쟁사의 장단점을 한눈에 볼 수 있도록 표로 정리하자, 심사위원들의 반응은 달라졌다. '아, 이 팀이 뭘 말하고 싶은지 알겠다'라는 확신이 그들의 시선에서 느껴졌다.

표라는 시각적 도구는 단순히 가독성을 높이는 것을 넘어, 창업자가 자신의 아이템을 객관적으로 바라볼 수 있는 기회가 되기도 한다. 내 아이템이 가진 강점을 더 명확히 알게 되었고, 동시에 약점을 보완할 방법을 찾을 수 있었다. 결국 심사위원을 설득하는 과정에서 가장 중요한 것은 '내가 가진 논리를 상대가 쉽게 이해하게 만드는 것'이었다. 경쟁사 분석표는 그 과정을 단숨에 해결해 주는 열쇠였다.

대표자 페이지로 팀의 신뢰를 구축하다

사업 계획서를 작성할 때 가장 많이 고민했던 부분 중 하나가 바로

‘대표자 및 팀 소개’였다. 내 전공은 요식업이었고, 반려견 장난감 제조와는 직접적 연관이 없었다. 이런 이력을 어떻게 녹여낼 수 있을까. 하지만 곧 깨달았다. 경력은 반드시 업종과 직결되어야만 가치가 있는 것은 아니라는 사실을. 횟집을 운영하면서 배운 고객 관리와 마케팅 경험을 사업 계획서에 녹여냈다. 이는 단순한 음식점 운영 경험이 아니라, 경영 전반에 대한 통찰을 보여주는 증거였다. 실제로 심사위원들 앞에서 이 경험을 강조했을 때, ‘이 사람은 단순히 아이디어만 가진 창업자가 아니라 실제 비즈니스를 굴려본 사람’이라는 신뢰를 얻을 수 있었다.

많은 창업자들이 대표자 페이지를 대충 넘어가거나 몇 줄로 요약하는 경우가 많다. 그러나 오히려 이 페이지에 공을 들여야 한다고 믿는다. 팀이 가진 전문성을 사진과 함께 드러내고, 작은 수상 경력이라도 구체적으로 기록하면, 심사위원의 마음속에 남는 인상은 확연히 달라진다. 결국 심사위원이 던지는 가장 중요한 질문은 “이 팀이 이 아이템을 실행할 수 있는가?”이기 때문이다. 그 질문에 자신 있게 대답하려면, 대표자와 팀원의 이력이 단순한 문장 이상의 설득력을 발휘해야 한다.

결국 사업 계획서는 아이디어를 나열하는 문서가 아니라, 우리의 비전과 추진력을 드러내는 무대다. 보도자료를 통해 사실성을 더하고, 경쟁사 분석표로 가독성과 설득력을 확보하며, 대표자 페이지로 팀의 신뢰를 구축하는 것. 이 세 가지는 내가 값비싼 경험을 통해 얻은 결론이었다. 심사위원 앞에 섰던 긴장된 순간을 떠올리면, 자신감 있는 태도가 얼마나 중요한지도 함께 기억난다. 때로는 조금 뻔뻔하리만큼 당당하게 나를 어필하는 것이 좋은 결과로 이어지기도 했다. 반대로 자신감이 부족하거나 근거가 약한 팀은 기회를 잃곤 했다. 그래서 지금도 사업 계획서를 작성할 때마다 스스로에게 묻는다. '이 문서가 우리 팀의 추진력을 충분히 보여주고 있는가?' 처음 사업을 시작했을 때의 두려움은 여전히 기억 속에 남아 있다. 하지만 그 두려움을 극복하려 애썼던 경험은 오늘의 나를 만들었고, 또 누군가에게는 길잡이가 되리라 믿는다. 이제는 내가 겪은 시행착오가 독자들에게 작은 등불이 되기를 바란다. 앞으로 여러분이 사업 계획서를 작성할 때, 이 세 가지 핵심 요소를 떠올리고, 자신만의 색깔로 채워 나가길 기대한다. 설레는 미래를 위해 두려움 없이 도전하라. 그것이 내가 경험으로 얻은 가장 확실한 지혜다.

예산 계획, 대충 쓰면
바로 탈락입니다

다다익선의 유혹, 그리고 후회로 남은 시간

'원래 좋은 것들은 다다익선이야, 많을수록 좋아.'

첫 지원금을 받았을 때, 이 말은 내 머릿속을 지배하던 좌우명 같은 것이었다. 통장에 꽂힌 지원금은 단순한 숫자였지만, 그 순간만큼은 마치 세상이 나를 인정해 주는 듯한 기분을 안겨주었다. 주변 친구들이 "와, 대단하다!"라고 말해 줄 때마다 뿌듯함은 커졌다. 하지만 그 뿌듯함 뒤에는 은근한 불안이 숨어 있었다. '혹시 다음번엔 못 받으면 어쩌지? 받을 수 있을 때 최대한 받아야지.' 이런 생각이 나를 지배했다.

그때 지원금이 많을수록 사업이 안정적일 것으로 믿었다. 그러나 시간이 흐른 지금, 그 생각이 얼마나 단순했는지 깨닫는다. 돈은 많으면 좋다. 하지만 방향 없는 돈은 오히려 독이 된다. 마치 목적지를 모른 채 기차에 올라탄 것과 같다. 움직이고는 있지만, 도착지가 어디인지 모른다면 그 여정은 불안할 수밖에 없다.

만약 지금의 내가 그때의 나를 멘티로 두고 조언한다면 이렇게 물을 것이다.

"지원금을 받는 게 목적이니, 아니면 그 돈으로 무언가를 이루는 게 목적이니?"

그 질문 앞에서 과거의 제대로 대답하지 못했을 것이다. '많으면 좋겠지'라는 막연한 사고에 사로잡혀 있었기 때문이다. 하지만 지원금을 진짜로 활용하려면, 반드시 그 돈이 어디에 쓰이고 어떤 효과를 낼지 구체적인 그림이 필요하다. 이유 없는 소비는 결국 의미 없는 낭비로 끝난다.

20살에 학생 신분을 벗어나며, 성인으로서 첫 단계를 밟았다. 그때는 모든 것이 새롭고 가능성이 무궁무진하다고 느껴졌다. 하지만 그 소중한 시간을 '지원금 자체'에만 매달리느라, 정작 중요한 배움과 성장을 놓쳤다. 지금 돌이켜 보면, 그 시절의 시간을 허비했고, 그 결과는 오롯이 내 몫이었다. 지원금은 단순한 돈이 아니라, 내 시간을 어디에 쓸지 보여주는 거울이었다는 것을 너무 늦게 알았다.

불합격 통보가 전해준 냉정한 진실

'예산 계획을 대충 쓰면 반드시 탈락한다.'

내가 수없이 반복해 되뇌는 문장이다.

2년 전, 5천만 원 규모의 지원 사업에 도전했을 때의 일이다. 운 좋게 1차 서류 심사를 통과했고, IR 발표 준비에 모든 에너지를 쏟아부었다. 발표 자료를 밤마다 붙잡고, 거울 앞에서 목소리 톤과 손동작을 교정했다. 마치 배우가 대본을 외우듯 수십 번 반복 연습을 했다. 자신감은 점점 커졌고, '이번엔 될 수 있겠다'는 기대가 나를 고양시켰다.

그러나 무대는 언제나 예측 불가능하다.

발표가 무르익어 갈 즈음, 심사위원의 질문이 내 마음을 무너뜨렸다.

"정말 마케팅 비용에 1천만 원을 사용할 건가요? 구체적으로 어떻게 쓰실 건가요?"

그 순간 머릿속이 하얘졌다. 준비해 둔 대답은 있었지만, 구체성이 결여되어 있었다. 'SNS 홍보', '네이버 광고' 같은 포괄적 단어만 되풀이했다. 심사위원들의 표정은 점점 굳어갔다. 그들의 눈빛은 말하고 있었다. '준비가 부족하다.'

발표가 끝나고 내려오는 길, 스스로에게 속삭였다.

'왜 구체적으로 준비하지 않았을까. 왜 숫자에만 집착했을까.'

일주일 후 도착한 통보서는 냉정했다.

"사업 아이템은 뛰어나지만 예산 계획이 불명확하다."

그날의 불합격은 단순한 실패가 아니라, 내 사고방식 전체를 바꾸어 놓은 계기가 되었다. 심사위원이 진짜 보고 싶었던 것은 아이템의 매력이 아니라, 그 돈이 어떻게 쓰이고 어떤 결과를 만들어낼지에 대한 현실적인 그림이었다.

숫자 너머에 담아야 할 전략

그 후로 예산 계획을 완전히 새롭게 바라보기 시작했다. 예산은 단순한 숫자가 아니다. 그것은 나의 비전과 전략을 드러내는 언어다.

예를 들어 예산표에 이렇게 적는다고 하자.

'마케팅 비용 = 1천만 원'

이 문장은 아무 의미가 없다. 그러나 다음처럼 풀어내면 상황은 달라진다.

- 'SNS 메타 광고 200만 원: 20대 소비층을 타깃으로 신규 고객 1만 명 유입 목표'

- '구글 키워드 광고 300만 원: 검색 기반 타기팅, 구매 전환율 5% 향상 목표'

- '블로그 서포터즈 운영 200만 원: 제품 리뷰 100건 확보'

- '광고 채널 세팅 300만 원: 초기 3개월간 데이터 기반 맞춤 광고 설계'

이렇게 작성하면, 예산은 단순한 지출 목록이 아니라 전략적 선택의 결과물이 된다. 심사위원은 금액을 보는 것이 아니라, 그 금액이 어떻게 미래의 성과로 연결될지를 보게 된다.

여기에 한 걸음 더 나아가 각 항목 옆에 기대 성과를 기재했다.

'메타 광고를 통해 신규 고객 1만 명을 유입하고, 그중 3%를 실제 구매자로 전환하여 600만 원 매출을 달성한다.'

이런 문장은 예산을 단순히 '돈을 쓰는 계획'에서 '수익을 창출하는 시뮬레이션'으로 바꾸어 준다.

무엇보다 중요한 것은, 화려한 계획이 아니라 실현 가능성이다. 아무리 근사해 보이는 계획도 실행되지 못하면 아무 소용이 없다. 반대로 다소 소박하더라도 실행 가능한 전략은 강력한 설득력을 가진다. 예산 계획은 결국 '말'이 아니라 '행동'을 보여주는 증거다.

예산 계획, 나침반이 되어 주다

많은 창업자들이 "돈만 있으면 다 된다"고 말한다. 하지만 실제로는 돈이 아니라 돈을 다루는 태도가 성패를 좌우한다. 예산 계획은 나의 사고 방식과 태도를 드러내는 가장 중요한 증거다.

그동안 지원 사업을 여러 번 경험하며 깨달았다.

• 예산을 대충 쓰면 불안이 커진다.

- 예산을 구체적으로 쓰면 비전이 선명해진다.
- 예산에 전략을 담으면 신뢰가 쌓인다.

지원금은 단순한 자금이 아니라 씨앗이다. 어떻게 심고, 어떻게 가꾸느냐에 따라 꽃이 될 수도 있고 잡초가 될 수도 있다. 그리고 그 차이는 예산 계획에 달려 있다.

후배 창업자들에게 꼭 전하고 싶은 말이 있다. 예산 계획은 '지원금을 따내기 위한 형식적인 절차'가 아니라, 스스로의 사업을 진단하는 리트머스 시험지라는 것이다. 예산서를 쓰는 순간, 우리는 우리 사업의 강점과 약점을 동시에 마주한다. 어디에 힘을 실어야 할지, 무엇을 줄여야 할지, 어떤 부분이 아직 준비되지 않았는지가 적나라하게 드러난다.

예산을 짜는 과정은 번거롭고 귀찮을 수 있다. 하지만 바로 그 과정이 내 사업을 점검하게 만들고, 방향을 바로잡게 만든다. 이제 안다. 예산을 진지하게 세우는 순간, 지원금은 단순한 돈이 아니라 내 꿈을 현실로 만드는 나침반이 된다는 것을.

"사진을 넣었더니 선정됐다"
지원금 받는 대표들의 공통점

지원 사업과 나의 지난 시간들

끈기, 노력, 극복, 그리고 도전. 이 네 단어는 마치 창업자들의 사전 속에 반드시 기록되어야 할 기본값 같은 것이다. 이 단어가 단순히 입술에서 맴도는 구호가 아니라, 실제 삶 속에서 구현될 때 비로소 성공의 씨앗이 된다고 믿는다. 창업이라는 길 위에서 만난 사람들은 각자 이 단어와 밀접하게 살아왔다. 그리고 그 과정 속에서 자신만의 비밀 노트를 만들어냈다.

나 역시 지난 3년간 수많은 지원 사업과 경진대회에 도전하며, 사업계획서를 쓰는 나름의 노하우를 터득했다. 추운 겨울이 끝나고 봄이 오는 2월에서 4월은 특히 정신없는 계절이었다. 많은 기업이 지원서를 준비하며 치열한 경쟁을 펼치는 시기였기 때문이다. 매년 반복되는 이 계절은 내게는 설렘과 동시에 압박의 시간이기도 했다. 아무도 알려 주지 않았지만, 스스로 발품을 팔아 정보를 찾고, 신청서를 제출하며 하루하루를 버텼다.

그 과정에서 지치기도 했다. '이 지원금을 못 받으면 사업이 무너지는 건 아닐까?' 하는 불안감이 매일 나를 따라다녔다. 지금 돌아보면 지원금을 받지 못하더라도 사업을 지속할 방법을 찾아야 하는 것이 더 현명했을지도 모른다. 하지만 그때의 나는 '지원 사업만이 살길'이라는 강박감에 사로잡혀 있었다. 다행히 몇 번의 기회는 내 손에 들어왔고, 그 덕분에 새로운 문도 열렸다.

어느 날, 모르는 번호로 걸려 온 전화를 받았다. 예전 같았으면 피했을지도 모르는 전화였지만, 사업을 한다는 건 결국 기회를 붙잡는 일이라 생각하며 받았다. 뜻밖에도 그것은 이전에 수상했던 경진대회 주최 측에서 온 연락이었다. 그들은 나에게 후배 기업들을 대상으로 멘토링을 해 줄 수 있겠냐고 물었다. 순간 '내가 과연 누군가를 가르칠 수 있을까?'라는 의문과 함께 묘한 감정을 느꼈다. 아직 배워야 할 게 많은데 말이다. 하지만 "가능합니다"라는 답을 내뱉는 순간, 다른 창업자들에게 컨설팅을 하는 사람이 되어 있었다. 이 경험은 나에게 중요한 깨달음을 남겼다. 길게 쌓은 연륜보다 중요한 건, 진정성 있게 집중하며 쌓아온 '시간의 밀도'라는 것이다.

두 대표와의 만남, 그리고 발견한 공통점

멘토링 요청을 받은 두 명의 기업 대표님들은 모두 사업 계획서 작성에 어려움을 겪고 있었다. 이전의 불합격 경험이 그들에게 상처로 남아 있었고, 어떻게 하면 설득력 있는 계획서를 쓸 수 있을지 답답해했다. 나는 그들의 자료를 꼼꼼히 살펴보았다. 그런데 놀랍게도 두 사람의 계획서는 묘하게 닮아 있었다. 텍스트는 빼곡했지만, 정작 핵심은 흐릿하게 묻혀 있었던 것이다.

이 문제를 풀 열쇠는 의외로 단순했다. 바로 '사진'이었다.

창업 3년 차 이내의 초기 기업에 있어, 숫자나 지표만큼이나 중요한 것은 '보여줄 수 있는 흔적'이다. 아직 완벽히 성장하지 않았더라도, 지금까지 걸어온 발자취와 앞으로 나아갈 방향을 시각적으로 전달하는 것이 필요하다. 지원 사업 심사위원들 역시 사람이기에 수십 개의 서류를 읽다 보면 피로가 쌓인다. 그 순간 사진 한 장은 긴 글보다 훨씬 빠르게 메시지를 전달한다.

두 대표님들에게 "지금까지 해온 활동과 현재 진행 중인 프로젝트를 사진으로 담아내 보라"고 제안했다. 그들의 기업이 어떤 현장에서 땀 흘리고 있는지, 어떤 사람들과 협력하고 있는지, 그리고 앞으로 어떤 미래를 그리려 하는지 사진으로 보여주는 것이다. 사진은 단순한 장식이 아니라, 사업 계획서에 생명력을 불어넣는 언어였다.

우리는 함께 아이디어를 나누며 자료를 수정해 나갔다. 처음에는 조심스럽던 그들의 태도도 점점 자신감으로 바뀌었다. 자신의 비전을 눈앞에 펼쳐놓고 보니, 그것을 설명하는 말에도 힘이 실렸다. 결국 새롭게 다듬은 사업 계획서는 두 기업 모두에게 합격 소식을 안겨주었다. 그 순간, 나는 멘토링이 단순한 지식 전달이 아니라, '함께 성장하는 경험'임을 깨달았다.

사진 한 장이 전하는 힘, 그리고 나의 성찰

이 경험은 나에게도 큰 변화를 주었다. 단순히 지원 사업을 준비하는 창업자가 아니라, 이제는 다른 이들의 도전을 돕는 사람이라는 자각이 찾아왔다. 무엇보다도 사업 계획서란 단순히 글자들의 나열이 아니라, 기업의 이야기를 담는 서사라는 사실을 뼈저리게 느꼈다. 글은 설명하지만, 사진은 보여준다. 설명은 설득을 시도하지만, 보여줌은 자연스럽게 신뢰를 만든다.

그래서 이제 후배 창업자들에게 말한다. "계획서를 쓸 때는 당신의 이야기를 어떻게 전달할지를 고민하라. 그리고 그 이야기를 사진이라는 언어로 보완하라."

사진은 그동안 묵묵히 쌓아온 시간과 노력을 증명해 주며, 심사위원들에게 단순한 정보가 아닌 '믿음'을 심어준다.

나 또한 이 과정을 통해 한 단계 더 성장했다. 비즈니스는 혼자가 아니라 함께 만들어가는 과정이고, 그 과정에서 나눈 경험과 교훈은 결국 내 자산이 된다. '사진을 넣었더니 선정됐다'는 말은 단순한 우연이 아니다. 그것은 자신을 표현하는 방식이 얼마나 중요한지를 보여주는 상징이다.

앞으로도 여전히 수많은 도전 앞에 설 것이다. 때로는 실패할 것이고, 때로는 예상치 못한 성과를 얻게 될 것이다. 하지만 중요한 건 결과가 아니라 그 과정 속에서 나 자신을 얼마나 진정성 있게 표현했는가이다. 사진 한 장, 문장 한 줄, 발표의 한 순간이 결국 나라는 사람을 설명하고 내 사업을 증명한다. 그래서 오늘도 새로운 기록을 남기려 한다. 그것이 훗날 또 다른 누군가에게 영감이 되고, 그들의 선택과 용기를 이끌어낼 수 있기를 바라며 말이다.

결국, 끈기와 노력, 극복과 도전은 내 삶의 뿌리 깊은 나무가 되었고, 이 단어들과 함께 앞으로도 더 나은 미래를 향해 나아갈 것이다. 우리는 모두 각자의 이야기를 세상에 들려줄 수 있으며, 그 이야기 속에는 반드시 누군가를 설득하고, 또 다른 기회를 열 수 있는 힘이 숨어 있다. 그리고 그 힘은 때로 글자보다 강렬한 사진 한 장에서 시작될 수 있다.

사진은 단순한 이미지가 아니라, 내가 살아온 시간의 증거이자 앞으로를 비추는 거울이다. 글과 사진이 어우러질 때 비로소 이야기는 완성된다. 그래서 오늘도 새로운 기록을 남기며, 언젠가 이 순간이 또 다른 시작을 밝히는 불씨가 되기를 바란다.

선정은 됐는데…
지원금 집행이 더 어렵다?

기대와 현실의 간극, 지원금의 진짜 얼굴

"대표님, 지원금 1억 원 받으셨는데 한턱 쏘셔야죠!"

처음 정부 지원 사업에 선정되었을 때 가장 많이 들었던 말이다.

겉으로 보면 농담 같지만, 그 속에는 지원금이 곧 현금처럼 자유롭게 쓰일 수 있다는 오해가 담겨 있었다. 그러나 실제로 사업화 지원금을 받아본 사람이라면 알 것이다.

그것은 결코 '용돈'이나 '여윳돈'이 아니며, 오히려 정해진 규정과 지침 속에서만 사용할 수 있는 제한된 자원이라는 사실을.

지원 사업에 선정된 순간, 새로운 길이 열렸다고 생각했다.

그러나 그 길은 기대했던 꽃길이 아니라, 미로 같은 규정과 지침이 가득한 복잡한 길이었다. 사업계획 수립, 의무 교육 참여, 멘토링 과정은 물론, 지원금 사용 항목에 대한 제약이 상상 이상으로 컸다. 지원 사업을 통해 나의 아이디어를 실현하고 싶었지만, 지원금을 내 마음대로 집행할 수 없다는 사실은 나를 곧바로 현실로 끌어내렸다.

특히 가장 먼저 마주한 벽은 '부가가치세(부가세)'였다. 지원금 집행 경험이 없던 나는 '부가세는 뭐지?'라는 의문부터 시작했다. 부가세가 지원금에서 제외된다는 사실을 깨달았을 때, 지원금 1억 원을 받았다고 해도 실제로는 최소 1천만 원의 자부담이 필요하다는 냉혹한 현실을 맞닥뜨렸다. 지원금을 받았음에도 오히려 내 자본금에 대한 부담과 불안은 더 커졌다. 지원 사업이 단순히 '공짜 돈'이라는 환상은 단숨에 무너져 내렸고, 사업화를 위해 더 치열하게 준비해야 한다는 모순적인 상황에 직면했다. 지원 사업에 선정되었다는 사실만으로는 내 사업이 탄탄히 굴러가지 않았다. 오히려 '지원금을 받았으니 이제 모든 게 쉬워지겠지'라는 안일한 마음이 깨지고, 더 치밀한 준비와 냉정한 판단이 필요하다는 현실이 눈앞에 다가왔다. 결국, 지원금은 기회이자 동시에 시험지와도 같았다. 그것을 어떻게 다루느냐에 따라 내 사업의 방향성이 완전히 달라질 수 있음을 깨달았다.

사용 제약과 시행착오, 배움의 과정

두 번째 난관은 지원금 사용 항목의 제한이었다.

당시 반려동물 장난감 제조업을 준비하며 소비자 반응 조사를 통해 제품을 고도화하고 싶었다. 하지만 막상 지원금을 받고 보니, 간단히 구매하려던 반려견 간식조차 지원 항목에 포함되지 않았다. 연구개발비,

기자재 구입비, 인건비 등 정해진 범위 안에서만 집행이 가능했기 때문이다. 그 순간 사전 준비 부족을 절실히 깨달았다.

지원 사업이 단순히 '아이디어만 좋으면 된다'는 착각에서 비롯된 시행착오였다. 여기에 더해, '전용 통장 개설'이라는 또 다른 장벽이 기다리고 있었다. 지원금은 반드시 전용 통장을 통해 집행해야 하는데, 통장을 개설하는 과정이 생각보다 까다롭고 혼란스러웠다. 은행 창구에 갔다가 잘못된 안내를 받아 다시 개설 절차를 밟아야 했던 경험도 있었다. 신규 카드 등록, 카드 사용 승인 절차까지 이어지면서 며칠씩 허비한 적도 있다. 그 과정에서 내가 깨달은 것은 단순했다. 지원금 집행은 곧 회계 관리 능력과 행정 이해도까지 시험하는 과정이라는 점이었다. 수없이 시행착오를 겪었다. 지원 사업 관리 기관과 통화하며 사용 가능 항목을 확인하고, 가이드를 읽고 또 읽어야 했다. 때로는 작은 영수증 하나가 빠져도 정산 과정에서 큰 문제가 되었다.

어떤 동료 창업자는 영수증 날짜가 지원 사업 기간을 벗어났다는 이유로 수백만 원을 반납해야 했다고 토로하기도 했다. 또 다른 창업자는 기자재를 구입한 뒤 결제 방법이 규정과 달라 전액 환수 조치를 받기도 했다.

이처럼 사소해 보이는 실수 하나가 치명적인 결과를 낳는다는 사실은 우리 모두에게 커다란 긴장감을 주었다.

그러나 돌이켜 보면, 그 과정이 나를 성장시켰다. 이전 같으면 무심히 넘겼을 회계 처리와 행정 절차를, 이제는 꼼꼼하게 확인하고 기록하는 습관이 생겼다. '지원금 정산표'를 만들고, 사용 내역을 매달 점검하며, 문제가 될 수 있는 부분은 미리 관리 기관에 문의하는 습관은 단순한 행정 절차를 넘어 나의 사업 운영 전반을 정비하게 했다. 지원금 집행의 까다로움은 결국 나를 더 성실한 사업가로 다듬어 준 셈이다.

교훈과 다짐, 지원금을 대하는 태도

지원금을 받는다는 것은 분명 큰 기회다. 그러나 그것을 집행하는 과정에서 마주하는 난관은 그 자체로 또 다른 시험이다. 이 과정을 통해 몇 가지 교훈을 얻었다.

첫째, 준비의 중요성이다.

지원 사업에 선정되었다고 해서 곧바로 사업이 탄탄히 굴러가는 것은 아니다. 관련 규정과 지침을 충분히 숙지하고, 필요한 정보를 사전에 확보하는 것이 필수다. 실제로 다음 사업에 지원할 때부터는, 신청 단계에서부터 세부 집행 항목을 현실적으로 구성하고, 가능 여부를 미리 확인하는 습관을 들였다.

둘째, 지원금은 곧 관리 능력을 요구하는 자원이다.

무턱대고 사용하다가는 정산 과정에서 큰 어려움에 부딪힌다. 사업 운영은 제품만 잘 만드는 것으로 끝나지 않는다. 세금, 회계, 규정이라는 보이지 않는 영역까지 통제해야 비로소 건강한 사업이 된다.

셋째, 지원금은 발판일 뿐이지 목적이 아니다.

지원금을 받았다는 사실에 안주하는 것이 아니라, 그것을 통해 더 큰 사업적 가치를 창출해야 한다. 다시 말해 지원금은 내 사업이 성장하기 위한 도구이지, 사업 전체의 목표가 되어서는 안 된다. 그리고 무엇보다도 중요한 것은 공유의 태도다.

동료 창업자들과 경험을 나누며, 나와 같은 시행착오를 줄일 수 있도록 돕는 것이 진정한 의미라고 생각한다. 지원 사업은 창업자 개인의 성장을 넘어, 서로 지식과 노하우를 공유하는 과정에서 더 큰 힘을 발휘한다.

실패담과 성공담을 함께 나누는 커뮤니티야말로 창업자들에게 가장 큰 자산이 된다.

이제 지원금을 단순한 숫자가 아닌, 나의 태도와 준비가 반영된 '거울'로 바라본다.

앞으로도 관련 규정을 꼼꼼히 검토하고 전문가의 조언을 받아, 더 전략적으로 집행할 것이다. 무엇보다도 이 지원금을 통해 단순히 생존하는 사업자가 아닌, 지속적으로 성장하는 창업자가 되고 싶다. 지원 사업에 선정되었다는 기쁨은 잠시뿐이다.

진짜 승부는 그 이후, 복잡한 집행 과정 속에서 시작된다. 그 길에서 수많은 어려움과 한계를 마주했지만, 동시에 그것을 돌파하는 법을 배웠다.

그리고 이제는 확신한다.

지원금은 '받는 것'보다 '운영하는 것'이 더 어렵지만, 그 과정을 견뎌 낸 자만이 진정으로 성장할 수 있다는 사실을.

지원금은 투자금이 아니다, 빚이 될 수도 있다

투자와 지원금의 본질적인 차이

'투자'라는 단어는 단순히 돈을 넣고 수익을 기대하는 행위를 넘어선다. 우리는 살아가면서 수많은 투자의 순간을 마주한다. 공부에 시간을 투자하기도 하고, 인간관계에 마음을 투자하기도 한다. 체력과 감정을 쏟아붓는 것 역시 일종의 투자다. 중요한 것은 모든 투자가 희망과 기대를 동반하지만, 그 결과에 대한 책임은 고스란히 나 자신에게 돌아온다는 사실이다.

특히 기업 운영에서 투자는 언제나 '리스크'와 짝을 이룬다. 누군가가 내 사업에 자금을 투자한다는 것은 단순히 돈을 주는 행위가 아니다. 그것은 내 사업이 성장할 것이라는 신뢰와 믿음을 건네는 행위이며, 만약 실패한다면 그 신뢰는 깨지고 손실은 투자자가 감당하게 된다. 그래서 사업가는 그 책임을 더욱 무겁게 느낀다.

그런데 여기서 많은 창업자들이 혼동하는 지점이 있다. 바로 '지원금' 이다. 지원금을 받으면 마치 투자를 받은 것처럼 느끼기 쉽다. 그러나 지원금은 투자와 본질적으로 다르다. 지원금은 겉으로는 기회의 확장처럼 보이지만, 그 속에는 수많은 조건과 제약이 숨어 있다. 일정한 사용처, 증빙 자료, 보고서 작성, 성과 요구 등 눈에 보이지 않는 책임이 따라붙는다. 잘 활용하면 든든한 자원이지만, 방향을 잃으면 오히려 '빚'처럼 느껴질 수 있다. 이 사실을 사업 초기 1년 차와 2년 차를 거치면서 뼈저리게 체감했다.

지원금, 축복이자 압박

사업 1년 차의 나는 지원금을 통해 큰 성장을 경험했다. 제품을 제작하고 판매할 수 있는 채널을 만들었고, 교육과 네트워킹을 통해 인사이트도 얻었다. 오프라인 행사에서 고객을 만나고, 온라인을 통해 관계를 형성하며 내 사업이 한 단계 도약하는 듯했다. 그 시절은 빠르게 흘러갔지만, 돌아보면 값진 시간이자 '지원금의 순기능'을 제대로 맛본 순간이었다.

하지만 2년 차에 들어서면서 상황은 달라졌다. 또 다른 지원금을 받으면서 스스로에게 질문을 던졌다. '이 돈은 내게 진정 어떤 의미일까?' 지원금을 어떻게 써야 할지 혼란스러웠다. 멘토들은 각자 다른 조언을 내놓았다. "마케팅에 투자하세요." "제품 고도화에 집중하세요." "사람을 뽑아야 합니다." 그러나 그들이 말하는 방향이 서로 달라 의사결정은 오히려 더 어려워졌다.

결국 '지원금이 있는데도 왜 더 힘들까'라는 역설적인 상황에 빠졌다. 자원이 많아졌는데 체력과 정신은 오히려 소모되었다. 지원기관은 성과를 요구했고, 그 성과를 만들어내기 위해 억지로 소비해야 했다. 그렇게 써버린 돈은 내 사업에 장기적인 가치를 남기기보다 단기적인 결과물만 남겼다. 그 순간 지원금은 더 이상 '기회'가 아니라 '의무'로 다가왔고, 사용 후 남은 것은 작은 빚 같은 허탈함이었다.

이 과정은 나를 크게 지치게 했다. 사업가라면 자원을 효율적으로 관리해야 하는데, 오히려 자원을 '빨리 소모해야 하는 압박'에 시달렸다. 심지어 사업과는 크게 연관 없는 활동에도 억지로 예산을 끼워 맞추며 소진해야 했던 경험도 있었다. 당장의 규정은 충족했지만, 내 마음속에는 '이게 진짜 옳은 방향일까?'라는 질문이 남았다. 또한 주변 대표들과 대화하다 보면 비슷한 고민을 토로하는 경우가 많았다. "차라리 지원금을 안 받는 게 나았을까?"라는 자조적인 농담이 오가기도 했다.

그 무렵, 사무실 한구석에서 홀로 모니터를 바라보다 문득 깊은 한숨을 내쉬곤 했다. 창밖으로는 계절이 바뀌어 가는데, 내 안의 시계는 멈춰버린 듯 답답했다. 지원금을 받기 전에는 상상조차 못 했던 불안과 압박이 나를 잠식해 들어오는 순간이었다. 아이러니하게도, '도움'이라 불리던 돈이 나를 서서히 짓누르고 있었다.

지원금을 활용하는 현명한 태도

그렇다면 어떻게 해야 지원금이 빚이 아니라 성장의 발판이 될 수 있을까? 몇 가지 원칙을 세우게 되었다.

첫째, 명확한 목표 설정이다.

단순히 지원금을 받았다는 사실에 안주하지 않고, 내 사업 모델과 방향성 속에서 이 돈이 어떤 역할을 할지를 먼저 정의해야 한다. 예를 들어, 제품 제작에만 급하게 써버리는 것이 아니라, 고객이 실제로 제품을 경험하고 반응할 수 있는 마케팅과 피드백 수집에 투자해야 한다.

둘째, 작은 성과의 축적이다.

지원기관이 요구하는 성과는 대개 '숫자'로 표현된다. 그러나 창업가에게 더 중요한 성과는 '지속 가능한 성장의 증거'다. 판매 데이터, 고객 리뷰, 개선된 제품 품질 등 작은 성과들이 쌓여야 지원금이 진짜 힘을 발휘한다. 때로는 보고서에 기재되지 않는 사소한 경험, 예를 들어 첫 고객의 감사 메시지나 지역사회에서 얻은 신뢰 같은 것도 내 사업의 소중한 성과로 기록될 수 있다.

셋째, 네트워킹과 배움의 기회 활용이다.

지원금은 단순한 금전 지원에서 끝나지 않는다. 멘토링, 교육, 네트워크 등 부가 자원들이 함께 제공된다. 이것을 적극적으로 활용하면 단순한 자금 이상의 가치를 얻을 수 있다. 다만, 모든 조언을 무조건 따르는 것이 아니라 내 사업과 맞는 부분을 선별적으로 취하는 '주체적인 태도' 가 필요하다.

넷째, 미래를 고려한 사용이다.

지금 당장의 성과를 위해 모든 돈을 쓰는 것이 아니라, 이후에도 활용 될 수 있는 자산을 남기는 것이 중요하다. 예를 들어, 브랜드 콘텐츠를 제 작하거나 고객 데이터베이스를 구축하는 일은 단기 성과로 바로 보이진 않지만 장기적으로 큰 자산이 된다. 때로는 지원금을 통해 확보한 경험 자체가 미래의 또 다른 기회를 여는 문이 되기도 한다.

나의 경험은 '지원금은 투자금이 아니다'라는 사실을 분명히 보여준 다. 투자자는 손실을 감수할 준비가 되어 있지만, 지원금은 그렇지 않다. 오히려 창업자 본인이 그 결과를 떠안게 된다. 지원금을 잘못 사용하면 언젠가 내 사업의 짐으로 되돌아올 수 있다. 그러나 신중하게 활용한다 면, 지원금은 여전히 강력한 성장의 촉매제가 될 수 있다.

이 과정을 겪으며 멘토링의 길에 들어섰다. 후배 창업자들이 나와 같 은 혼란을 겪지 않도록, 지원금을 바라보는 올바른 시각을 나누고 싶었 다. 지원금은 '공짜 돈'이 아니라 '책임 있는 선택'이라는 메시지를 전하 고 싶었다. 내가 남긴 작은 흔적이 누군가에게는 실질적인 나침반이 되 기를, 그리고 그들이 불필요한 빚이 아닌 진짜 성장을 만들어 가기를 바 란다.

아마존

제프 베이조스

'고객 집착'이라는 단 하나의 철학

제프 베이조스는 월스트리트의 안전된 커리어를 버리고 창업의 길을 선택했다. 그의 출발점은 단순했다. "인터넷의 가능성은 거대하다." 1994년, 세계 인터넷 이용자가 1,000만 명도 안 되던 시절이었다. 하지만 그는 "인터넷이 매년 2,000% 성장하고 있다"는 한 문장을 보고 즉시 사표를 던졌다. 안정된 직장을 버리고 차고에서 아마존을 시작했을 때, 주변 사람들은 "서점을 하려고 회사를 나간다니 미쳤다"고 말했다. 그러나 그의 눈에는 책이 아니라 '무한한 고객 데이터와 구매 패턴'이 보였다. 그는 투자자들에게 말했다. "우리는 책을 파는 회사가 아니라, 세상의 모든 상품을 파는 회사가 될 것이다."

아마존이 빠르게 성장한 비결은 단 하나, '고객 집착(Customer Obsession)'이었다. 베이조스는 모든 회의에 '빈 의자'를 하나 두었다. 그것은 '보이지 않는 고객'을 상징했다. 어떤 논의든 "고객이라면 어떻게 느낄까?"라는 질문에서 출발했다. 그는 직접 고객에게 이메일을 보냈고, 그중 불만 메일에는 본인이 직접 답했다. 한 번은 고객이 결제 오류를 제보하자, 몇 시간 만에 내부 시스템 개선 명령이 내려졌다. 또한 그는 '장기주의'를 고수했다. 단기 이익보다 고객 신뢰를 우선시했다. "단기적으로는 손해를 보더라도, 고객의 신뢰는 복리로 성장한다."라는 말처럼, 베이조스는 분기 실적보다 10년 후를 보고 의사결정을 내렸다. 이 철학은 아마존 프라임, 원클릭 결제, 물류 자동화, AWS(클라우드 컴퓨팅) 같은 혁신으로 이어졌다. 단기적으로는 막대한 손실을 감수했지만, 결국 고객 경험의 완성도가 기업가치를 키웠다.

베이조스는 2017년 주주 서한에서 이렇게 밝혔다. "고객은 언제나 불만족스럽다. 그들의 기대는 계속 높아진다. 그 끝없는 기대를 따라잡는 것이 혁신의 본질이다." 그는 '고객 만족'이 아니라 '고객 불만족을 기회로 바꾸는 습관'을 강조했다. 그래서 아마존은 새로운 시장을 열기보다, 고객의 불편함을 해소하며 기존 시장을 재정의했다.

그가 만든 아마존은 결국 세상에서 가장 거대한 '고객 경험 실험실'이 되었다. 베이조스의 철학은 우리에게 명확한 질문을 던진다.

"대표는 누구를 위해 결정을 내리는가?"

이익보다 신뢰, 속도보다 신중함, 단기보다 장기를 선택하는 리더. 그것이 위대한 기업의 출발점임을 그는 증명했다. 그의 여정이 주는 교훈은 분명하다. 대표의 진짜 경쟁력은 시장 점유율이 아니라 고객의 신뢰율이다. 고객이 신뢰할 때, 그 신뢰는 가장 오래 남는 브랜드 자산이 된다.

대표라면 반드시 알아야 할 창업의 기술 ────────────

이렇게
대표로 살아남고 있습니다

창업 후 겪는 현실적인 문제들과 극복 과정

고객이 안 온다!
처음엔 당연한 일입니다

손님이 없는 날, 마음을 단련하는 시간

한때 내가 하는 일에 대한 의문으로 가득 차 있었다. 매일 아침 눈을 뜨고 출근하는 순간, 머릿속에 맴돌던 문장 하나. '이걸 언제까지 해봐야 하지?' 정해진 퇴근 시간 없이 반복되는 일상 속에서 정신적으로 지치는 건 어찌 감추기 힘든 진실이었다. 하지만 진정한 몰입은 힘겨운 목표와 성취를 위한 압박 속에서만 이루어지는 것이 아니라, 오히려 흐름처럼 부드럽게 이어지는 과정 속에서 가능하다는 사실을 오랜 시간이 지난 후에야 깨달았다.

주말이면 수많은 사람들이 줄 서는 유명 맛집들이 있다. 우리는 그 북적이는 풍경을 보며 그곳의 맛이 이미 보증된 듯한 신뢰를 얻는다. 그러나 그들도 처음부터 손님이 몰려든 것은 아니었다. 대부분의 맛집은 눈에 띄지 않는 곳에서 묵묵히 메뉴를 개발하고, 고객을 붙잡기 위해 애를 태우며 시간을 견뎌낸 끝에야 지금의 자리에 서게 된 것이다.

내가 시흥에서 운영했던 횟집도 마찬가지였다. 가게를 처음 열던 날, 두근거림은 말로 다 표현할 수 없었다. '오늘 손님이 많이 오면 어쩌지?'라는 설레는 마음으로 문을 열었지만, 정작 그날 손님은 단 한 명도 오지 않았다. 허탈함은 컸지만, 동시에 '과연 내 회가 훌륭한 맛을 갖추고 있는가?'라는 본질적 질문에 마주하게 되었다. 만약 그 질문을 외면했다면, 월 매출 7,500만 원이라는 결과를 만들어낸 지난 시간은 존재하지 않았을 것이다.

손님이 없는 날 거리를 나서 전단지를 돌렸고, 블로그에 글을 쓰며 주목받기 위해 애를 태우곤 했다. 첫 달 매출은 400만 원에 불과했고, 월세와 재료비, 공과금을 지불하고 나면 남는 돈은 거의 없었다. 그러나 이상하게도 절망보다는 작은 희망이 나를 계속 움직이게 했다. 결과가 아니라 과정에서 즐거움을 찾았기 때문이다. 어떤 날은 손님 한 명 없는 가게에 홀로 앉아, 불 꺼진 수조를 바라보며 '언젠가는 이 자리에도 환한 웃음과 대화가 가득 차겠지'라고 스스로를 위로했다. 그 위로가 없었다면 하루하루를 버티기 어려웠을 것이다.

결국 1년이라는 시간이 흘러, '시흥 횟집 맛집'이라는 키워드가 사람들의 입에 오르내리기 시작했다. 손님이 몰리며 매출이 늘어났을 때, 나는 단순히 돈을 버는 기쁨보다도 '이제야 나의 노력이 보상받는구나'라는 안도감을 느꼈다. 고객이 없는 날은 결코 실패의 증거가 아니었다. 오히려 스스로를 단련하고, 앞으로 나아갈 힘을 비축하는 시간이었다.

두 번째 창업, 다시 찾아온 적막의 시간

횟집 경험은 나에게 큰 자산이 되었지만, 두 번째 사업에서도 손님이 오지 않는 상황은 다시 찾아왔다. 이번에는 내구성이 강한 폐소방 호스를 업사이클링해 만든 반려동물 터그놀이 장난감이었다. ESG와 업사이클링이라는 흐름을 담았고, 정부 지원금으로 홈페이지와 스마트스토어도 열었다. 기대감으로 가득 차 있었지만, 2주가 지나도록 단 한 개의 제품도 팔리지 않았다.

그때의 마음은 참담했다. '과연 이 아이템은 맞는 걸까? 이번에도 실패하는 건 아닐까?' 스스로를 의심하는 시간이 이어졌다. 그러나 과거의 경험을 떠올리며 스스로를 다독였다. '처음엔 다 그런 거야. 괜찮아.'라는 위로가 아니었다면 아마 일찍 포기했을 것이다.

그리고 마침내, 20일째 되던 날 첫 주문이 들어왔다. 그 순간의 벅찬 감정은 아직도 잊을 수 없다. 스마트폰 화면에 표시된 '주문 1건'이라는 알림은 작은 숫자였지만, 그 의미는 내게 세상에서 가장 큰 응원의 메시지였다. 첫 고객에게 손편지를 써서 감사의 마음을 전했다. "믿고 주문해 주셔서 감사합니다." 이 한 문장은 내 창업 인생에서 가장 자주 쓴 말이 되었다.

단순히 상품을 판매하는 것이 아니라, 누군가 나를 신뢰하고 선택해 주었다는 사실은 큰 책임감으로 다가왔다. 작은 주문 하나하나에 최선을 다하며 포장했고, 피드백이 들어오면 밤새 고민하며 개선책을 찾았다. 홍보가 부족했던 탓에 직접 제품 사진을 찍어 SNS에 올리고, 반려견과 함께 사용하는 영상을 촬영하기도 했다. 때로는 좋아요 하나 없는 게시물 앞에서 허무함을 느꼈지만, 언젠가 누군가는 이 기록을 보고 제품을 찾을 거라 믿었다.

결국 내 장난감은 소셜미디어에서 서서히 입소문을 타기 시작했고, 조금씩 인정을 받게 되었다. 이 과정에서 '반복된 과정이 결과를 만든다'는 단순한 진리를 온몸으로 체득했다. 꾸준함이야말로 어떤 화려한 전략보다 강력한 무기라는 사실도 함께 배웠다. 특히 고객과 나누는 작은 대화 하나, 성실하게 남긴 댓글 하나가 예상치 못한 기회를 불러오는 순간도 많았다. 사소한 친절이 곧 신뢰로 이어지고, 그 신뢰가 결국 매출로 돌아오는 것을 직접 경험한 것이다.

고객은 기다리고 있다, 나의 과정을

돌이켜보면, 처음에는 항상 마진이 없고, 매출이 없어 답답한 시간이 이어졌다. 그러나 그 시기는 고객의 신뢰를 쌓는 과정이었고, 브랜드를 만드는 씨앗의 시기였다. "사람은 경험한 일에 대해 큰 확신을 갖는다"는 말처럼, 나도 이제는 내 경험을 다른 이들에게 전하며 그 확신을 나누고 싶다.

사업이란 단순히 상품을 판매하는 행위가 아니다. 그것은 누군가의 시간을 사로잡고, 신뢰를 쌓으며, 관계를 만들어가는 여정이다. 고객이 없는 날들은 실패가 아니라 그 관계를 준비하는 시간이다. 그 시간을 어떻게 보내느냐가 이후의 성패를 가른다. 전단지를 돌리고, 글을 쓰고, 고객에게 손편지를 전하며 그 시간을 쌓아갔다. 그 작은 반복들이 모여 지금의 나를 만들었다.

지금 이 글을 읽는 누군가도 같은 과정을 겪고 있을 것이다. 가게 문을 열었는데 손님이 오지 않아 가슴이 철렁 내려앉는 순간, 온라인 판매를 시작했지만 주문이 한 건도 들어오지 않는 날들. 그러나 그것은 실패가 아니라 '당연한 시작'이다. 중요한 것은 그 시기를 버티며 내일을 준비하는 태도다.

고객은 나의 과정을 지켜보고 있다. 오늘 오지 않은 손님이 내일 올 수도 있고, 오늘 클릭만 하고 떠난 사람이 한 달 후 고객이 될 수도 있다. 결국 사업이란 '기다림과 준비'의 싸움이다. 그러니 고객이 안 오는 것을 두려워하지 말자. 오히려 그 시기를 성장의 밑거름으로 삼아야 한다.

내가 살아온 작은 이야기 속에는 분명한 교훈이 있다. 고객은 처음부터 몰려오지 않는다. 하지만 그들은 나의 과정을 보고 기다린다. 내가 그 과정을 어떻게 보여주느냐가 중요하다. 결국 고객은, 내가 준비한 만큼, 내가 쌓아 올린 만큼, 내 곁으로 오게 된다. 그리고 그 시간이 쌓이면, 단순한 소비가 아니라 나를 믿고 찾아주는 '단골'이 생긴다. 바로 그때부터 사업은 단순한 장사가 아닌 '관계의 여정'으로 변한다.

대표라고 다 할 수 있는 게 아니다,
직원을 고용해야 할 때

나의 분신이 필요할 때

사업을 운영하다 보면 누구나 한 번쯤은 '내가 두 명이었으면 좋겠다'라는 생각을 하게 된다. 하루가 24시간밖에 주어지지 않는다는 사실이 원망스럽고, 손이 열 개라도 부족하다는 생각이 들 때가 있다. 매출이 늘어나고 해야 할 일이 쌓이면, 몸은 이미 한계에 다다른다. 하지만 현실은 냉정하다. 대표가 아무리 발버둥 쳐도 혼자서는 감당할 수 없는 시점이 반드시 찾아온다. 그때가 바로 직원을 고용해야 할 때다.

그렇다고 사람을 늘리는 것이 곧 해답이 되는 것은 아니다. 직원 고용은 단순한 숫자의 문제가 아니다. 그것은 나의 생각과 철학, 내가 지켜온 방식을 이해하고 함께 공유할 수 있는 동반자를 찾는 과정이다. 처음 음식점을 운영할 때 이 사실을 전혀 몰랐다. '사람만 더 있으면 매출이 자연스럽게 올라가겠지.' 이런 순진한 믿음으로 직원을 채용했지만, 결과는 전혀 달랐다. 어느 날 갑자기 밀려든 손님들로 주문이 꼬이고, 당황한 직원은 실수를 거듭했다. 고객의 불만은 쌓이고, 나의 얼굴은 화끈거렸다. 그 순간 깨달았다. 사람을 고용한다는 것은 단순히 손발을 늘리는 것이 아니라, 내 분신을 만드는 일이라는 것을.

그때부터 채용을 앞두고 늘 스스로에게 질문했다.

- 지금 내가 하는 일 중, 정말 내가 직접 해야 하는 것은 무엇인가?
- 직원에게 위임해도 괜찮은 일은 어디까지인가?
- 내가 가진 철학과 방식을 차분히 설명할 준비가 되어 있는가?

이 질문에 답할 수 없을 때는 고용을 미루었다. 준비되지 않은 상태에서 채용하면, 결국 직원은 혼란을 겪고 대표는 실망하게 된다. 고용은 '사람을 뽑는 일'이 아니라, 함께 걸어갈 분신을 만드는 일이었다. 그래서 인수인계도 단순한 업무 전달이 아니라, 가치와 철학을 전하는 시간이어야 했다. 고객 응대에서 어떤 말투가 신뢰를 주는지, 음식 하나를 내놓을 때 어떤 디테일이 차이를 만드는지, 작은 습관까지 기록해 공유했다. 시간이 오래 걸렸지만, 그 과정 덕분에 직원은 단순히 일을 대신하는 존재가 아니라 나와 같은 방향을 바라보는 동료가 되었다.

자동화와 시스템이 필요할 때

사업이 성장하면 반드시 반복되는 일들이 생긴다. 주문 접수, 재고 관리,

단순 회계, 고객 응대. 처음에는 내가 직접 해야 안심이 되었다. 하지만 시간이 지날수록 깨달았다. 대표가 모든 일을 쥐고 있으면, 정작 중요한 순간에 결정을 내릴 힘을 잃는다는 사실을.

매출 3천만 원을 하나의 기준으로 삼았다. 이 정도 규모가 되면 혼자 끌어안는 방식은 더 이상 통하지 않았다. 한 선배 창업가는 내게 이렇게 말했다. "혼자 5천만 원을 벌 때가 직원을 고용할 때야." 단순히 돈의 문제가 아니었다. 그 말에는 '대표가 감당할 수 있는 한계점'에 대한 깊은 통찰이 담겨 있었다.

자동화의 시작은 매뉴얼화였다. 모든 절차를 글로 정리했다. 주문이 들어왔을 때 확인해야 할 순서, 고객 불만이 생겼을 때 대처 방법, 결제 과정에서 오류가 생기면 어떤 절차로 확인할지까지. 처음에는 이런 기록이 번거롭게 느껴졌다. 하지만 시간이 지날수록 매뉴얼은 나와 직원 모두에게 든든한 안전망이 되었다. 어떤 상황에서도 같은 기준으로 대응할 수 있었고, 이는 곧 신뢰로 이어졌다.

교육은 한 번으로 끝나지 않는다. 신입 직원에게는 기존 직원이 그림자처럼 붙어 다니며 실습하도록 했다. 일정 기간이 지나면 혼자 맡기되, 중간중간 피드백을 통해 부족한 부분을 보완했다. 직원이 스스로 판단해 문제를 해결하는 순간, 마음속 깊이 안도감을 느꼈다. 이제 비로소 사업이 나 혼자가 아닌, 시스템 안에서 굴러가기 시작했다는 확신이 들었기 때문이다.

대표가 내려놓지 못하면, 직원은 성장할 기회를 얻지 못한다. 간섭이 지나치면 결국 직원은 '내가 해도 소용없다'는 무력감에 빠진다. 대표의 역할은 잡일에 매달리는 것이 아니라, 더 큰 그림을 그리는 일이다. 직원이 자율적으로 움직일 수 있도록 환경을 마련해주고, 대표는 그 틀 안에서 새로운 기회를 발견해야 한다. 그것이야말로 진짜 경영자의 길이다.

신뢰와 성장이 맞닿을 때

직원 고용의 진짜 가치는 신뢰와 성장에 있다. 고용은 단순히 사람을 늘리는 행위가 아니다. 그것은 서로를 믿고, 함께 꿈을 키워가는 과정이다.

직원들을 고용한 뒤 매주 짧은 독서 시간을 만들었다. 단순히 일만 하는 관계에서 벗어나, 서로의 생각을 나누고 성장하는 경험을 공유하고 싶었기 때문이다. 처음에는 어색해했지만, 시간이 지나자 직원들은 스스로 책을 추천하고 토론을 이어갔다. 그 과정에서 '단순히 월급을 받는 사람이 아니라, 함께 성장하는 동반자'라는 자각을 하게 되었다. 이는 업무 태도와 책임감으로 이어졌고, 나 역시 큰 울림을 받았다.

또한 직원의 목소리에 귀 기울이는 순간, 예상치 못한 변화가 찾아온다. 메뉴판의 글씨 크기를 조금만 키워보자는 제안 하나가 고객 만족도를 높였고, 결제 절차를 단순화하자는 의견은 회전율을 높였다. 이런 아이디어는 대표 혼자서는 절대 발견할 수 없는 보물이었다. 현장에서 직접 고객을 마주하는 직원들의 눈은 늘 현실적이고 날카롭다. 그들의 목소리를 존중하는 것, 그것이 곧 신뢰의 시작이었다.

신뢰는 평온할 때보다 위기 상황에서 빛을 발한다. 예상치 못한 매출 하락이나 외부 변수로 사업이 흔들릴 때, 직원들이 '대표와 함께라면 극복할 수 있다'는 믿음을 갖고 움직이면 위기는 곧 기회가 된다. 그러나 신뢰가 없다면 작은 파동에도 배는 쉽게 뒤집힌다.

그리고 하나의 교훈을 얻었다. 직원 고용에서 대표들이 흔히 저지르는 세 가지 실수가 있다.

첫째, '알아서 하겠지'라는 막연한 기대. 교육과 설명 없이 직원이 스스로 알아서 성장할 것이라 믿는 것은 착각이다.

둘째, '내 방식만 옳다'는 아집. 직원의 아이디어를 무시하고 대표의 목소리만 강요하면 결국 사람은 떠난다.

셋째, '급하니까 아무나 뽑자'는 조급함. 준비 없는 채용은 문제를 해결하기는커녕 새로운 갈등을 불러온다.

이 세 가지를 모두 겪었다. 그리고 그 과정을 통해 알게 되었다. 고용은 단순히 사람을 늘리는 일이 아니라, 미래를 함께 설계할 동반자를 선택하는 일이라는 것을. 지금도 직원 한 명을 뽑을 때마다, 단순히 노동력이 아니라 함께 꿈을 나눌 수 있는 사람인지 깊이 고민한다.

매출은 오르는데 통장은 텅텅,
왜 그럴까?

매출과 통장은 왜 다른 길을 걸을까

사업을 운영한 지 7년이 지난 지금, 가장 힘이 빠졌던 순간을 떠올려 보면 늘 같은 패턴이 있었다.

매출은 오르고 있는데 정작 내 통장은 텅텅 비어 있었다. 더 나아가 마이너스 통장이 되어가는 상황을 마주했을 때의 허탈감은 이루 말할 수 없었다.

'내가 뭔가 잘못하고 있는 걸까?'라는 질문이 늘 따라붙었다. 하지만 곧 깨달았다. 이건 나만의 문제가 아니었다. 네트워크에서 만난 수많은 대표님들 또한 같은 고민을 토로했다. "열심히 일했는데 남는 게 없다"는 이야기는 마치 유행어처럼 들렸다.

　우리 사회는 겉으로는 공평해 보이지만, 실제로는 그렇지 않다. 누군 가는 하루 한 시간만 일해도 남들보다 몇 배의 돈을 벌어들이고, 또 다른 이는 하루 종일 일해도 생활비조차 간신히 충당한다. 이 불평등한 현실 앞에서 '노력은 배신하지 않는다'라는 믿음이 어쩌면 절반의 진실일 수 도 있다는 생각을 했다.

　한때 모든 사람의 시간이 같은 가치를 지닌다고 굳게 믿었다. 그러나 창업의 세계에서 깨달은 것은 달랐다. 시간은 누구에게나 공평하게 주어 지지만, 그 시간이 만들어내는 결과는 결코 공평하지 않았다. 그 차이를 만드는 것은 결국 무엇에 시간을 쓰고, 어디에 집중하는가였다.

　사업 초창기, 하루 평균 네 시간만 자며 버텼다. 마케팅, 유튜브, 블로 그, 각종 SNS를 동시에 운영하며 콘텐츠를 만들었다. '젊을 때는 버텨야 한다'는 생각에 매달렸지만, 몸은 결국 정직하게 반응했다. 응급실 세 번. 결국 내 시간의 가치는 건강을 잃으면서까지 채워질 수 없다는 사실을 뼈저리게 배웠다.

　돌이켜보면, '양'으로 승부하려고 했다. 콘텐츠를 하루에 몇 개씩 올려야만 성과가 나온다고 믿었고, 새벽에도 알람을 맞춰 글을 올리곤 했다. 하지만 결과는 기대만큼 따라오지 않았다. 오히려 지쳐 쓰러지고 나서야, '양보다 중요한 것은 질'이라는 단순한 진리를 다시 배우게 된 것이다.

선택과 집중, 그리고 보이지 않는 지출

어머니 생신을 맞아 소중한 선물을 준비하려 했던 어느 날, 통장을 열어보니 생활비만 겨우 남아 있었다. 그 순간의 허무함은 아직도 생생하다. 그렇게 많은 시간을 불태웠는데, 현실은 변하지 않았다.

그때 얻은 교훈은 분명했다. 모든 일에 전력을 다하는 것이 능사가 아니라는 것. 중요한 건 선택과 집중이었다.

많은 사업자들이 범하는 공통된 실수는 '모든 일을 다 하려는 욕심'이다. 매출을 올리기 위해 이것저것 동시에 시도하다 보면 결국 비효율이 쌓이고, 돈은 이상한 구멍으로 새어 나간다.

내가 직접 겪었던 예들을 떠올려 보면 이렇다.

- 광고비에 큰돈을 투입했지만, 실제 전환율은 미미했다.
- 효율성을 높이겠다며 도입한 프로그램이 오히려 불필요한 고정비로 남았다.
- 매출이 들어오는 시점과 지출이 빠져나가는 시점을 고려하지 않아 늘 자금 흐름이 꼬였다.

여기에 더해 보이지 않는 지출도 적지 않았다. 소소한 구독 서비스, 회식 자리에서의 과소비, '이 정도는 괜찮겠지' 하며 쓰게 되는 잡비가 모이면

한 달 수익을 쉽게 삼켜버렸다. 결국 매출이 늘어도 지출 관리가 허술하면 통장은 늘 비어 있게 된다. 이 단순한 진리를 깨닫는 데 몇 년이 걸렸다.

그래서 몇 가지 원칙을 정했다.

첫째, 주간 목표를 세우고 핵심 과업에만 집중하기. 모든 일을 동시에 붙잡으면 결과는 늘 산만해졌다.

둘째, 정기적인 팀 회의와 피드백. 혼자 고민할 때는 놓치는 부분이 많지만, 함께 이야기하면 의외의 해법이 나온다.

셋째, 위기 관리 시스템 구축. 예기치 못한 상황은 늘 발생한다. 대비가 없다면 결국 더 큰 비용으로 돌아온다.

무엇보다 중요한 건 나 자신을 돌보는 것이었다. 몸과 마음이 무너지면 사업도 무너진다. 운동, 독서, 명상, 그리고 충분한 휴식은 단순한 사치가 아니라 필수적인 투자였다. 처음에는 운동 시간을 낭비로 여겼지만, 오히려 운동 후 머리가 맑아지고 집중력이 올라가는 걸 경험했다. 결국 자기 관리는 비용이 아니라 수익으로 돌아오는 투자였다.

매출보다 중요한 것: 지속 가능한 성장

이제는 안다. 매출이 오르는 것이 곧 성공은 아니다. 매출은 외부에 보이는 숫자일 뿐, 내 삶과 통장 속 잔고, 그리고 내 건강과는 별개일 수 있다.

매출이 늘어도 통장이 비어 가는 이유는 단순히 수입과 지출의 문제가 아니다. 그것은 곧 시간을 어디에 쓰고, 어떤 선택을 하느냐의 문제다.

사업 운영 방식을 조금씩 바꿔 나갔다.

- 매출 유입과 지출 시점을 분석해 자금 흐름을 관리했다.
- 작은 비용이라도 모두 기록해 누수 지점을 확인했다.
- 팀과 함께 '돈이 되는 일'과 '지금 당장 꼭 필요한 일'을 구분했다.

위기 관리와 리스크 대비를 경영의 필수 과정으로 포함시켰다.

이러한 변화가 당장 눈에 띄는 성과를 주진 않았다. 하지만 시간이 지날수록 작은 차이가 큰 차이를 만들어냈다. 예를 들어, 불필요한 지출을 줄이자 조금씩 여유 자금이 생겼고, 이 자금을 다시 사업 확장에 투자할 수 있었다.

이제 매출보다 더 중요한 것을 알게 되었다. 바로 지속 가능한 성장이다. 성장은 단순히 돈에서 비롯되지 않는다. 몸과 마음의 건강, 효율적인 시간 관리, 그리고 올바른 선택과 집중이 그 바탕이다.

특히 "사업은 달리기가 아니라 마라톤"이라는 말을 실감했다. 단기적으로 화려한 성과를 내는 것보다, 지치지 않고 꾸준히 이어가는 힘이 중요하다. 마라톤에서 중요한 것은 초반의 속도가 아니라 끝까지 버틸 수 있는 호흡이다. 내 사업도 그래야 했다.

앞으로도 스스로에게 계속 물을 것이다.

'이 일은 정말 내가 지금 해야 할 일인가?'

'이 선택은 내 시간을 가치 있게 만드는가?'

통장은 숫자로 채워지지만, 삶은 숫자만으로는 채워지지 않는다. 매출은 오를 수 있지만, 건강과 마음, 그리고 삶의 질이 비어간다면 그것은 결코 성공이라 할 수 없다.

사업은 단순히 돈을 버는 과정이 아니다. 내가 어떤 삶을 살아가고 싶은가를 묻는 여정이다. 매출보다 중요한 것은 바로 그 답을 찾아가는 과정이었다.

이제 알고 있다. 성공은 단순히 돈이 아니라, 그 돈을 벌어가는 과정에서의 균형과 성찰 속에 있다는 것을. 매출이 오르는데 통장이 비어가는 이유는 단순히 수입과 지출의 불균형이 아니라, 시간을 어떻게 쓰고 삶을 어떤 방향으로 설계하는가에 달려 있었다.

3-4

1년 차 대표가 꼭 배워야 할
세금과 회계의 기본

낯선 언어 앞에서 마주한 두려움

재작년 이맘때, 사업의 최전선에 서 있는 1년 차 대표였다.

그 무렵의 나는 매일같이 불안과 두려움에 휩싸였다. '전지전능'이라는 단어가 내 어깨를 짓누르듯 다가왔고, 모든 것을 알고 모든 것을 할 수 있어야 한다는 압박은 오히려 나를 주저하게 만들었다.

사업을 시작하며 처음으로 맞닥뜨린 벽은 다름 아닌 세금과 회계의 세계였다.

'부가세', '세금 계산서', '공급가액'이라는 단어들은 내 귀에 마치 외국어처럼 낯설게 다가왔다. 마치 어린 시절 수학 문제집을 처음 펼쳤을 때, 숫자와 기호들이 뒤엉켜 이해할 수 없었던 그 막막함과도 같았다.

어느 날, 정부 기관에서 700만 원의 지원금을 받게 되면서 필수 교육을 들었다. 강사는 태연하게 말했다.

"부가세를 제외한 공급가액이 100만 원을 넘지 않도록 조정해서 결제하고, 세금 계산서를 받아오세요."

순간 머릿속이 하얘졌다.

'100만 원을 쓰라는 건가? 세금 계산서는 또 어떻게 받아야 하지?'

질문은 꼬리를 물었고, 설명을 따라가지 못하는 나 자신이 한없이 부끄럽게 느껴졌다.

이 경험은 나에게 분명한 자극이 되었다. 모른 채 넘어가면, 그 대가는 반드시 돌아온다는 사실을 뼈저리게 느낀 것이다. 그때부터 '전자 세금 계산서', '부가세 신고', '공급가액 산정' 같은 생소한 개념을 하나하나 공부하기 시작했다. 구글 검색창에 키워드를 넣고, 국세청 홈페이지를 기웃거리고, 때로는 경험 많은 선배 창업자에게 직접 물으며 빈틈을 메워갔다.

이 과정은 단순한 지식 습득을 넘어 '나는 여전히 배우는 학생이다'라는 겸손한 태도를 심어 주었다. 모르는 것을 부끄러워하기보다는, 그것을 채워나가는 과정 자체가 성장임을 깨닫게 된 것이다.

세금과 회계, 반드시 챙겨야 할 기본기

사업 초기의 대표들은 대부분 열정과 아이디어로 가득 차 있다. 하지만 실제로 회사를 운영하다 보면 가장 먼저 부딪히는 벽은 돈의 흐름을 관리하는 능력이다.

매출이 오르는 것 같아도, 세금 신고를 제때 하지 않으면 예상치 못한 세금 폭탄을 맞을 수 있다. 거래처로부터 받은 세금 계산서를 잘못 관리하면, 부가세 환급을 제대로 받지 못하는 경우도 허다하다. 내가 직접 겪었던 시행착오가 그랬다.

대표 1년 차에게 꼭 필요한 회계·세무 기본기는 크게 세 가지로 정리할 수 있다.

1. 부가가치세(VAT) 이해하기

거의 모든 상품과 서비스에는 10%의 부가세가 붙는다.

매출에서 받은 부가세와 매입에서 낸 부가세를 비교해 정산해야 한다.

이를 제대로 이해하지 못하면, '왜 세금을 이렇게 많이 내야 하지?'라는 혼란에 빠지게 된다. 실제로 첫 부가세 신고에서 환급받을 수 있었던 금액을 놓쳤다. 단순히 계산 방법을 몰라서였다. 이 경험은 작은 무지가 곧 큰 손실로 이어진다는 사실을 알려 주었다.

2. 세금 계산서와 증빙 관리

모든 거래는 증빙이 남아야 한다. 전자 세금 계산서, 카드 전표, 현금 영수증은 단순한 종잇조각이 아니라 회사의 신용을 지켜주는 방패다. 내가 초기에 범한 가장 큰 실수는, 거래처에서 세금 계산서를 제때 받지 못해 환급을 놓쳤던 경험이었다. 작은 실수 하나가 몇십만 원, 몇백만 원의 손실로 이어질 수 있다. 이후 아예 거래가 발생할 때마다 '증빙 자료 확보 여부'를 체크리스트에 추가했다.

3. 자금 관리와 기록 습관

돈이 들어오고 나가는 모든 흐름을 기록해야 한다. 처음에는 수기로 노트에 적었고, 나중에는 엑셀과 전용 회계 프로그램을 사용했다. 회계 장부를 작성한다는 것은 단순히 숫자를 적는 일이 아니다. 사업의 건강 상태를 진단하고 미래를 준비하는 일이다. 실제로 월별 지출 내역을 정리하면서 불필요한 비용이 눈에 보이기 시작했고, 불필요한 구독 서비스나 중복된 지출을 과감히 줄일 수 있었다. 여기에 덧붙여, 초부 대표라면 반드시 기억해야 할 사실이 있다. 세금은 미룰수록 불어나는 빚이라는 점이다. 신고를 소홀히 하면 가산세와 이자가 붙어 눈덩이처럼 불어나고, 심하면 사업 존속 자체가 위협받는다. 반대로 성실히 기록하고 제때 신고하면, 예상치 못한 환급금이 회사의 숨통을 틔워주는 경우도 많다.

배우고 나누며 함께 성장하기

1년 차 대표 시절, 늘 '혼자가 아닐까'라는 외로움에 시달렸다. 세금과 회계 문제는 특히 그렇다. 누군가에게 쉽게 털어놓을 수 없고, 부끄럽다고 여겨 혼자 해결하려다 더 큰 문제를 만들기 십상이었다.

그러나 시간이 지나 보니, 나 같은 초보 대표들이 겪는 혼란은 결코 예외적인 일이 아니었다. 많은 이들이 세금 신고를 제때 못 해 가산세를 물었고, 자금 흐름을 관리하지 못해 매출은 있는데 통장은 텅 비어 있는 경험을 했다.

이 깨달음 이후 마음을 바꾸었다. '나 혼자 배워서 끝내는 것이 아니라, 다른 사람들과 나누자.' 그래서 지금은 세미나와 워크숍을 통해 나의 경험을 공유하려 준비하고 있다.

내가 얻은 교훈은 단순하다.

- 모르는 것을 부끄러워하지 말자.
- 작은 기록이 큰 자산이 된다.
- 그리고 무엇보다, 혼자서 끙끙대지 말고 함께 배워나가자.

사업은 단거리 달리기가 아니라 장거리 마라톤이다. 1년 차 대표로서의 여정은 끝난 것이 아니라 시작일 뿐이었다. 여전히 배우는 학생이며, 동시에 같은 길을 걷는 동료 대표들에게 작은 도움이 되고 싶은 사람이다.

앞으로도 세금과 회계의 기본기를 더욱 깊이 익히고, 그 지식을 토대로 사업을 더욱 단단하게 세워갈 것이다. 그리고 그 과정에서 얻은 배움과 시행착오는 또 다른 누군가의 디딤돌이 되리라 믿는다.

무엇보다 중요한 것은 '지금부터라도 배우면 된다'는 마음가짐이다. 회계와 세무는 완벽하게 아는 순간이 오지 않는다. 매년 제도와 규정이 바뀌고, 새로운 지침이 등장한다. 따라서 늘 배우고, 질문하고, 기록하는 습관이 필요하다. 이것이야말로 사업가가 평생 가져가야 할 태도다.

1년 차 대표가 겪는 어려움은 단지 개인의 문제가 아니라, 함께 성장할 기회의 씨앗이다. 우리가 서로의 이야기를 나누고 경험을 공유한다면, 세무와 회계라는 차가운 언어 속에서도 따뜻한 배움의 공동체가 만들어질 수 있다.

이제는 많은 사람들이 알면 좋겠다.

세금과 회계는 피해야 할 장벽이 아니라, 오히려 사업가를 한 단계 성장시키는 필수 언어라는 것을. 그 언어를 배우는 과정에서 두려움이 생긴다면, 그것은 곧 성장할 준비가 되었다는 신호다.

"고객이 왕?" 아니죠,
돈을 내는 왕을 찾아야 합니다

손님은 언제나 옳을까?

오랫동안 '고객이 왕이다'라는 말을 마음속 깊이 믿고 살아왔다. 어떤 기업이나 사업체가 성공하려면 고객 만족이 최우선이라는 신념이 내 안에 뿌리내리고 있었기 때문이다. 손님의 요구를 최우선으로 생각하고, 그들이 원하는 대로 서비스를 제공하는 것이야말로 최고의 운영 방침이라고 굳게 믿었다.

하지만 어느 순간, 그 믿음이 흔들린 사건이 있었다. 내가 운영하던 횟집에서 일어난 일이다. 늦은 저녁, 평소보다 손님이 적었던 날이었다. 광어를 포장해달라는 전화를 받고 정성껏 준비했지만, 막상 술기운이 잔뜩 오른 손님은 와서 포장을 받아보더니 "내가 우럭을 주문했다"고 강하게 주장했다. 명백히 광어를 주문했음에도 말이다. 이미 밤 10시가 넘어 재료는 소진되었고, 새로운 회를 준비하기란 불가능했다. 결국 환불을 해주며 고개를 숙일 수밖에 없었다.

그날 밤, 다시금 '손님이 왕이다'라는 말을 곱씹었다. 정말 모든 손님이 왕일까? 아니면 단지 '돈을 지불하는 순간'에만 왕의 자리에 앉는 것은 아닐까? 그 경험은 나로 하여금 고객이라는 존재를 새롭게 정의하게 만들었다. 손님이 아무리 목소리를 높여도, 그가 지갑을 열지 않는다면 결국 시장의 권력을 쥐고 있는 이는 따로 있다는 사실을 깨닫게 된 것이다.

이 깨달음은 단순한 불만 고객을 상대하는 문제에서 그치지 않았다. 내가 판매하는 제품이나 서비스를 누가, 왜 선택하는가 하는 근본적 질문으로 이어졌다. 강아지 터그놀이 장난감을 만들었을 때도 마찬가지였다. 단순히 '강아지를 키우는 사람'이 아니라, 강아지를 진심으로 사랑하고 기꺼이 지갑을 열어주는 이들이 진짜 고객이었다. 이 지점에서 비즈니스의 본질을 새롭게 이해하게 되었다.

돈이 진짜 권력을 쥐고 있다

고객이 언제나 옳다는 말은 사실 '소비자 중심의 사고방식'을 강조하는 표현이다. 그러나 내가 사업 현장에서 느낀 진실은 달랐다. 시장에서 가장 큰 권력을 쥐고 있는 것은 다름 아닌 돈이었다.

고객의 요구는 다양하다. 어떤 이는 최고의 서비스를 원하고, 어떤 이는 저렴한 가격을 요구한다. 그러나 결국 그들의 요구가 실제로 반영되는 이유는 그들이 '돈을 내기 때문'이다. 돈을 지불하는 순간, 고객의 의견은 시장을 움직이는 힘으로 바뀐다. 반대로 돈을 내지 않는 고객의 목소리는 아무리 크더라도 단순한 '소음'에 불과하다.

이 깨달음은 내가 멘토로 활동하며 만난 예비 창업자들에게도 그대로 적용됐다. 많은 창업자들이 '내 제품이 좋아서 팔린다'고 생각하지만, 실제로는 '좋다'는 감정만으로는 판매가 일어나지 않는다. 누군가 지갑을 열지 않는다면, 그 제품은 시장에서 아무 의미가 없다. 결국 중요한 것은 제품이 아니라, 돈을 내는 고객이 누구인가다.

내가 강아지 장난감을 만들 때, 단순히 반려견을 키우는 사람을 고객으로 생각했다면 큰 착각이었을 것이다. 실제 구매자는 '강아지를 가족처럼 여기는 사람'들이었다. 그들은 장난감의 가격보다도 '안전성', '내구성', '환경적 가치'를 보고 기꺼이 비용을 지불했다. 이처럼 돈을 내는 순간, 고객은 단순한 소비자가 아니라 시장을 움직이는 주체로 변한다.

사업을 운영하면서 내가 자주 스스로에게 던졌던 질문이 있다. '이 고객은 왜 내 제품에 돈을 낼까?' 단순히 품질이 좋아서일까, 아니면 그 속에 담긴 가치 때문일까? 이 질문에 대한 답을 찾는 과정이 결국 기업의 방향성을 결정한다.

게다가 돈은 단순한 거래 수단이 아니라, '가치에 대한 투표'이기도 하다. 고객은 돈을 내면서 '이 제품에 내 시간을 맡길 수 있다',

'이 서비스는 내 삶을 더 낫게 만들어 줄 것이다'라는 메시지를 던진다. 따라서 돈의 흐름을 파악하는 것은 단순한 매출 분석이 아니라, 고객의 마음을 읽는 과정과도 같다.

진짜 '왕'을 알아보는 눈

많은 사람들이 사업을 하며 '모든 고객은 소중하다'라고 말한다. 틀린 말은 아니다. 하지만 이제 이렇게 말하고 싶다. "모든 고객이 소중하지만, 진짜 왕은 돈을 내는 고객이다."

사업은 결국 고객과의 관계를 통해 가치를 창출하고, 그 대가로 수익을 얻는 과정이다. 따라서 창업자나 대표라면 '누가 우리 사업의 진짜 고객인가'를 끝없이 묻고 정의해야 한다. 여기서 중요한 것은 단순히 고객의 수가 아니라, 그들이 실제로 시장을 움직일 수 있는 힘을 갖고 있느냐는 점이다.

멘토링을 할 때 종종 이렇게 조언한다.

"고객의 목소리에 휘둘리지 말고, 돈을 내는 고객의 목소리에 귀 기울여라."

불평만 하고 지갑은 닫은 고객보다, 묵묵히 제품을 사용하고 다시 찾아와 결제하는 고객이야말로 기업의 성장을 이끄는 사람이다. 그들이야말로 진짜 충성 고객이며, 사업의 든든한 뿌리다.

여기서 중요한 것은 단순히 매출 숫자만 바라보는 태도가 아니다. 돈은 단순히 현금이 아니라, 고객의 신뢰이자 선택의 결과다. 한 번 지갑을 연 고객은 나를 인정한 것이고, 두 번 지갑을 연 고객은 나의 가치를 확신한 것이다. 세 번, 네 번 반복해서 돈을 내는 고객은 이미 나와 깊은 관계를 맺은 충성 고객이다. 결국 '왕'을 알아본다는 것은 이러한 반복적인 선택의 힘을 구분할 줄 아는 눈을 기르는 일이다.

더 나아가, '왕'을 알아보는 눈은 곧 사업의 지속 가능성을 판별하는 눈이기도 하다. 단순히 단기 매출을 올리는 것이 아니라, 장기적으로 내 브랜드를 지탱해 줄 충성 고객을 찾는 능력이 기업의 생존을 결정한다. 여기서 진짜 사업가와 단순 판매자가 갈린다. 단기 이익에만 매달리면 언제든 무너질 수 있지만, 진짜 왕을 알아보고 그들과 관계를 깊게 맺는 기업은 오래 살아남는다.

그리고 여기서 하나 더 덧붙이고 싶은 것이 있다. 왕을 알아본 뒤에는, 그들에게 어떤 경험을 제공할지 고민하는 것이다. 단순히 제품을 판매하는 데서 끝나는 것이 아니라, 구매 이후의 경험까지 책임지는 것이 중요하다. 애프터서비스, 소통 채널, 재구매 혜택 등은 모두 고객이 다시 지갑을 열게 만드는 작은 다리다. 돈을 내는 고객을 찾는 것에서 멈추지 말고, 그들이 계속해서 '왕좌'에 앉아 있도록 만드는 것이야말로 진정한 사업의 기술이다.

마지막으로, 모든 창업자가 기억해야 할 질문은 이것이다. "내 사업의 진짜 왕은 누구인가?" 이 질문을 잊지 않고 꾸준히 되새길 때, 우리는 더 이상 눈앞의 불평이나 작은 변수에 흔들리지 않는다. 오히려 어떤 선택을 해야 할지, 어떤 자원에 집중해야 할지가 명확해진다. 결국 이 질문에 대한 답을 찾는 과정이, 기업이 오래 살아남는 힘이자 미래를 열어 가는 열쇠가 된다.

경쟁 업체보다 못한데,
왜 우리 서비스를 선택할까?

부족함에서 시작되는 질문

창업을 처음 시작했을 때, 누구보다 내 아이템이 뛰어나다는 확신으로 가득 차 있었다. 시장의 상황을 꼼꼼히 따지기보다 '내 것이 더 좋다'라는 믿음이 앞섰다. 그러나 막상 사업을 시작하고 보니 현실은 생각보다 훨씬 냉혹했다. 이미 수많은 경쟁 업체가 시장을 선점하고 있었고, 그들은 더 많은 경험과 자본, 더 탄탄한 시스템으로 고객의 신뢰를 얻고 있었다. 나와 같은 신생 기업이 그 틈을 비집고 들어간다는 것은 결코 쉽지 않았다.

그럼에도 불구하고 의문은 남았다.

'그런데 왜 고객은 우리 서비스를 선택할까?'

처음에는 단순히 스스로를 위로하는 질문 같았다. 하지만 시간이 지날수록 그 질문은 내 비즈니스를 지속시키는 원동력이 되었고, 차별화 전략의 출발점이 되었다. 경쟁 업체보다 못한 점이 분명히 존재하는데도 선택을 받는 이유가 있다면, 그것은 내가 반드시 붙잡아야 할 '진짜 경쟁력'일 수밖에 없었다.

곧 깨달았다. 경쟁력이란 단순히 가격이나 품질 같은 수치로 정의되지 않는다. 고객의 마음속에 각인되는 경험, 사소하지만 특별한 차이, 감성적인 울림이야말로 고객의 선택을 좌우하는 힘이었다. 그때부터 내 서비스가 부족한 부분에만 매달리기보다, 고객의 입장에서 어떤 순간에 마음이 움직이는지를 관찰하기 시작했다. 만약 내가 고객이라면 단순히 값이 싸고 품질이 좋은 곳을 고를까? 아니면 조금 부족해도 마음이 끌리고, 내가 존중받는다고 느껴지는 서비스를 고를까? 답은 후자였다. 이 질문은 나를 단순한 '사업자'에서 고객의 경험을 탐구하는 '연구자'로 변화시켰다.

작은 차별이 만드는 특별한 이유

사업 초기에 늘 경쟁 업체와 나를 비교했다. 더 좋은 품질, 더 빠른 속노, 더 낮은 가격으로 승부하려 했다. 그러나 고객을 붙잡은 것은 의외로 그런 요소가 아니었다. 고객은 수치가 아닌 '느낌'에 끌렸다. 다른 곳에서는 받지 못한 사소한 배려, 진심이 담긴 말 한마디, 나를 기억해주는 듯한 작은 행동이 고객의 발걸음을 다시 돌려놓았다.

실제로 내가 운영했던 횟집 시절이 그랬다. 경쟁은 치열했고, 기본적으로 더 좋은 회와 더 큰 양을 내어놓는 집은 얼마든지 있었다. 그러나 손님이 다시 찾아온 이유는 다른 곳에서 느끼지 못한 편안함과 따뜻함이었다. 음식을 내올 때 짧게 건네는 인사, 아이와 함께 온 가족을 위한 작은 서비스 메뉴, 식사 중 불편한 점은 없는지 살피는 태도. 이런 사소한 디테일이 고객의 마음을 붙잡았다. 사람들은 '여긴 다시 와야겠다'라는 감정을 품었고, 그것이 곧 충성 고객으로 이어졌다.

이후 반려동물 장난감을 만드는 제조업에 뛰어들었을 때도 같은 원리를 확인했다. 단순히 '튼튼하다'는 기능 하나만으로는 고객을 설득할 수 없었다. 그들이 끌린 것은 제품에 담긴 스토리였다. 버려진 소방 호스를 업사이클링하여 강아지 장난감을 만든다는 사실, 내가 제품을 통해 환경 문제를 조금이라도 해결하고자 한다는 의지. 이런 이야기에 고객은 공감했고, "이 제품을 구매하는 것이 단순한 소비를 넘어 의미 있는 행동"이라며 만족을 느꼈다.

이처럼 고객은 완벽함을 선택하지 않는다. 오히려 불완전하지만 특별한 경험을 더 선호한다. 제품의 스펙이 조금 부족하더라도, 그 빈자리를 채워주는 감성과 차별화된 이야기가 있을 때, 고객은 기꺼이 선택한다. 작은 차별은 대단하지 않아 보일 수 있다. 그러나 그것이 쌓이면, 어느 순간 다른 어떤 경쟁력보다 강력한 무기가 된다. 그리고 이런 차이는 단순히 '판매'의 결과를 넘어 고객과 브랜드가 함께 쌓아가는 신뢰의 토대가 된다.

진짜 경쟁력은 '이유'를 만드는 힘

시간이 흐르며 또 하나의 중요한 사실을 알게 되었다. 경쟁 업체와 나를 단순히 비교하는 것은 끝없는 소모전이라는 것이다. 세상에는 언제나 나보다 잘하는 업체가 존재한다. 가격을 더 낮출 수도, 품질을 더 높일 수도 있는 경쟁자가 나타난다. 그렇다면 무엇으로 승부해야 할까?

해답은 질문 속에 있었다.
'고객이 나를 선택할 이유는 무엇인가?'

고객은 완벽한 상품을 원하지 않는다. 그들이 진짜로 원하는 것은 선택할 수 있는 이유다. 그 이유가 때로는 스토리텔링이 되기도 하고, 체험의 차별화가 되기도 한다. 브랜드의 시작과 과정을 솔직하게 나누는 것만으로도 고객은 공감을 느낀다. 직접 제품을 만지고 느낄 수 있는 기회를 제공하면, 고객은 단순한 소비자가 아니라 브랜드와 함께하는 참여자가 된다.

이 과정에서 충성 고객이 탄생한다. 충성 고객은 기능이나 가격 때문에 붙잡히는 것이 아니다. 그들은 '이 브랜드는 나를 이해해 준다'라는 감정 때문에 남는다. 그래서 경쟁 업체보다 비싸도, 배송이 조금 느려도, 때로는 품질이 완벽하지 않아도 기꺼이 선택한다. 선택에는 항상 감정이 개입되고, 그 감정을 건드리는 것이 바로 진짜 경쟁력이다.

이제 경쟁 업체보다 부족하다는 사실을 두려워하지 않는다. 오히려 그것은 성장의 기회다. 고객의 불편을 들었을 때 단순히 사과하는 데 그치지 않고, "이 불편을 해결하기 위해 어떤 새로운 시도를 할 수 있을까?"

라고 묻는다. 때로는 당장 개선하기 어려운 문제일지라도, 개선의 의지를 보여주면 고객은 오히려 더 큰 신뢰를 보낸다. 결국 고객이 원하는 것은 완벽한 서비스가 아니라, 함께 성장하는 느낌이다.

그래서 오늘도 스스로에게 묻는다.
'고객에게 어떤 이유를 만들어 주고 있는가?'
'내 서비스가 고객의 삶을 조금이라도 나아지게 하고 있는가?'

이 질문이 나를 겸손하게 만들고, 동시에 끊임없이 움직이게 한다. 부족함은 언제든 드러날 수 있다. 그러나 그 빈자리를 진심과 작은 차별로 채워나갈 때, 고객은 경쟁 업체가 아닌 나를 선택한다. 경쟁력은 곧 고객이 나를 선택할 이유를 만드는 힘이며, 그것이야말로 치열한 시장 속에서 살아남는 가장 확실한 방법이다. 결국, 경쟁이 치열한 현실에서도 '완벽함'을 좇기보다 '특별함'을 만들어가는 태도가 오래 살아남는 길임을 확신하게 된다. 그리고 이 태도는 단순한 사업의 원칙을 넘어, 살아가는 방식이 되었다. 부족함을 부끄러워하지 않고, 그것을 성장의 발판으로 삼을 때 우리는 비로소 더 단단해진다. 고객은 그 진심을 알아보고, 결국 그 이유 때문에 우리를 선택한다. 그것이야말로 내가 끝내 놓치고 싶지 않은 경쟁력의 본질이다.

'왜 고객은 우리를 선택하는가?' 그 답을 찾는 여정이 끝나지 않는 한, 우리의 서비스도 끝없이 성장할 수 있다.

잘못된 계약 한 번이 사업을 망친다, 계약서 체크 포인트

어린 시절의 작은 계약, 책임을 배우다

나에게 있어서 계약서는 단순한 종이 한 장이 아니었다. 그것은 책임의 무게와 약속의 엄중함이 담긴 증서였다. 우리는 세상살이를 하면서 수많은 약속을 한다. 친구와의 사소한 약속부터 동아리나 직장에서의 협약, 그리고 사업을 운영하며 맺는 크고 작은 계약까지. 그러나 이 모든 약속 중 가장 무거운 것은 단연코 계약서라는 문서였다.

계약서를 처음 접한 것은 초등학교 시절이었다. 준비물을 가져오지 못해 옆자리 친구에게 색종이를 빌려 달라고 했던 순간, 친구는 장난스레 종이에 "이 색종이를 내일 미술 시간까지 돌려주겠다"라는 문장을 적고, 맨 위에 '계약서'라는 제목을 붙였다. 당시 그저 웃으며 고개를 끄덕였지만, 지금 돌이켜보면 그 순간이 '책임'이라는 단어와 처음 마주한 출발점이었다.

작은 장난 같은 문서였지만, 그것은 약속을 구체화하는 힘을 가지고 있었다. 말로만 했을 때는 쉽게 잊힐 수 있는 일이, 글로 남겨진 순간부터는 지켜야 할 의무로 다가온다. 그 경험은 내 마음속에 '계약은 곧 책임'이라는 씨앗을 심었다. 이후 학창 시절에도 놀이 규칙을 정하거나 모임 활동을 할 때, 문서로 남기려는 습관을 가졌다. 누군가는 형식적이라 했지만, 글이야말로 잊히지 않는 약속이라는 사실을 일찍 깨달았다.

이 어린 시절의 작은 계약 경험은 훗날 사업을 시작하면서 더 큰 울림을 주었다. 그때는 단순히 웃고 넘겼던 종이 한 장이, 훗날 내 인생의 중요한 터닝포인트마다 되새겨지는 교훈이 되었다. 그리고 '책임이 없는 약속은 결국 사라진다'는 사실을 아주 어린 나이에 자연스럽게 배웠다.

사업 초창기, 계약의 무서움을 깨닫다

성인이 되어 처음 본격적으로 사업에 뛰어들었을 때, 계약은 더 이상 장난이 아니었다. 특히 24살 무렵, 물고기 운반업체와 맺었던 계약은 지금도 선명히 기억난다. 계약서에는 독점 거래 조항, 가격 변동 시에도 고정된 금액을 유지한다는 약정, 최소 구매량을 반드시 충족해야 한다는 규정이 적혀 있었다. 당시 별다른 고민 없이 서명했지만, 시간이 지나면서 그것이 얼마나 위험한 선택이었는지 알게 되었다.

만약 거래처가 일방적으로 가격을 올리거나 조건을 바꾸려 한다면 나는 속수무책일 수밖에 없었다. 그때 처음으로 계약은 단순한 종이가 아니라, '칼날'과 같은 양날의 검이라는 사실을 절감했다. 잘 쓰인 계약은 나를 보호하지만, 허술한 계약은 나를 한순간에 무너뜨릴 수 있다.

이후 횟집 사업을 운영하고, 법인을 설립하면서 계약은 내 삶의 일상이 되었다. 정부 지원 사업에 선정될 때마다 수십 페이지의 협약서를 검토해야 했고, 협력 업체와 거래를 맺을 때마다 새로운 계약서를 작성해야 했다. '검토와 신중함'이 없으면 단 한 장의 종이가 내 사업을 무너뜨릴 수 있다는 사실을 매일같이 실감했다.

그러나 아이러니하게도 지인들과의 거래에서는 여전히 구두 약속에 의존하는 경우가 많았다. 오래 알고 지낸 사이라 믿을 수 있다고 생각했기 때문이다. 하지만 실제로는 그 믿음이 가장 위험했다. 상대가 나쁜 의도를 가진 것이 아니더라도 상황이 바뀌면 태도는 언제든 달라진다. 나는 지인과의 거래에서 서면 계약을 생략했다가 불필요한 오해와 손해를 본 경험을 통해, 계약은 친분보다 앞서야 한다는 사실을 배웠다.

특히, 지인 간 거래에서 문제가 생기면 그 피해는 단순한 금전적 손실에 그치지 않았다. 서로의 관계까지 틀어지면서 신뢰가 깨지고, 인간적인 감정까지 상처받았다. 결국 계약은 돈을 지키는 문서이자, 관계를 지키는 최소한의 장치임을 몸으로 배웠다.

계약서, 위험을 막는 가장 확실한 방패

사업을 하며 가장 뼈아팠던 경험 중 하나는 마케팅 업체와의 계약이었다. 그들은 '매출 보장'이라는 말로 나를 안심시켰다. 그 말을 믿고 서명했지만, 결과는 정반대였다. 매출은커녕 손실만 늘어갔고, 법적 책임을 묻고자 했을 때는 계약서의 애매한 문구 탓에 아무것도 지킬 수 없었다. 그때 뼈저리게 깨달았다. 계약이란 결국 '최악의 상황을 대비하는 장치'라는 사실을.

그 이후로 계약서를 대할 때마다 몇 가지 체크 포인트를 스스로에게 물었다.

첫째, 이 조항이 불리하게 적용된다면 어떤 결과가 벌어질까?
둘째, 상대방이 의무를 이행하지 않을 경우 무엇으로 내 권리를 지킬
　　수 있을까?
셋째, 법적 공방으로 이어질 경우, 이 계약서는 내 편이 되어줄 수 있
　　을까?

이 질문을 스스로에게 던지며 계약서를 검토하다 보면, 단순히 글자를 읽는 것이 아니라 실제 상황을 시뮬레이션하게 된다. 그렇게 하나하나 따져 보면, 처음엔 눈에 보이지 않던 위험이 선명하게 드러난다.

계약서에 적힌 '매출 보장', '최저 구매액', '성과 달성' 같은 화려한 문구는 대부분 현실에서 쉽게 무너진다. 오히려 그런 문구가 있으면 더 꼼꼼히 따져야 한다. 계약서는 상대방의 말을 기록하는 문서가 아니라, 내가 스스로를 지킬 수 있는 마지막 방패다.

이후 계약을 검토할 때 반드시 전문가의 자문을 거치기 시작했다. 법률가의 시선으로 문구를 검토하면, 내가 보지 못한 함정이 드러나는 경우가 많았다. 또한 경험 많은 선배 사업가들의 조언을 듣는 것도 큰 도움이 되었다. 사업 현장에서 실제로 문제가 되었던 사례들을 들으면, 계약서를 어떻게 읽어야 하는지 감각이 더욱 날카로워졌다.

무엇보다 중요한 것은 시간이었다. 성급한 서명은 가장 큰 적이다. 아무리 급한 상황이라도 하루 이상 시간을 두고 검토하면, 처음에는 보이지 않던 위험이 보이기 시작한다. 빠른 결정이 능사가 아니라, 안전한 결정이 결국 내 사업을 지켜준다는 것을 몸으로 배웠다

또한 실제 계약서를 작성하거나 검토할 때는 필수 확인 항목을 따로 메모해 두는 습관이 도움이 된다. 예를 들어, 계약 기간과 해지 조건, 위약금 조항, 분쟁 발생 시 관할 법원, 지불 조건과 세금 처리 방식 등은 반드시 눈여겨봐야 한다. 이 네 가지는 사업의 생명줄과도 같아서, 놓치면 큰 피해로 이어진다. 실무에서 자주 하는 말처럼, "계약서의 세 줄이 회사를 살리고, 한 줄이 회사를 망친다"는 교훈은 결코 과장이 아니다.

오늘날 사업 환경은 끊임없이 변하고, 사람들 간의 신뢰는 더 쉽게 흔들린다. 그렇기에 계약서는 종이 한 장 이상의 의미를 가진다. 그것은 위험을 예방하는 방패이자, 책임을 증명하는 증거이며, 사업의 안정성을 보장하는 최소한의 안전망이다.

여전히 계약서를 펼칠 때 긴장한다. 하지만 이제 그 긴장감은 두려움이 아니라, 나를 지켜주는 경계심이자 안전장치다. 어린 시절 친구와 맺었던 작은 계약이 내게 책임을 가르쳐주었듯, 지금 내가 체결하는 계약 하나하나 역시 내 인생의 방향을 결정하는 중요한 이정표가 된다.

창업보다 더 어려운
지속 가능한 사업 만들기

창업은 시작일 뿐, 진짜 싸움은 그 이후

내가 처음 창업의 길에 발을 내디뎠을 때는, 마치 미지의 바다에 배를 띄우는 듯한 설렘과 두려움이 동시에 몰려왔다. 사업 계획서를 쓰고, 투자자 앞에서 IR 피칭을 하며, 세상이 금방이라도 바뀔 것만 같은 기대감이 내 마음을 가득 채웠다. '이제는 뭔가 해낼 수 있겠다'는 자신감이 나를 지탱해 주었다.

그러나 창업의 길은 생각보다 빠르게 현실의 벽을 마주하게 했다. 사람들은 흔히 창업이 어렵다고 말한다. 맞다, 결코 쉽지 않다. 하지만 곧 더 뼈저리게 깨달았다. 창업 자체보다 훨씬 더 어려운 것은, 바로 그 사업을 지속 가능하게 만드는 것이었다.

법인을 설립하고 초기 시장에 진입했을 때 누구보다 열심히 뛰었다. 제품을 만들고, 서비스를 내놓고, 고객 피드백을 받아 개선하는 일에 몰두했다. 그런데 투자사 심사역의 한마디가 내 머리를 망치처럼 때렸다.

"리텐션율이 떨어지는 것 같아요."

그때는 그 말의 무게를 다 이해하지 못했다. 하지만 시간이 흐른 뒤에야 알았다. 리텐션율, 즉 고객이 우리 제품을 계속 쓰고 다시 찾아주는 비율이 낮다는 것은 곧 사업의 지속 가능성에 치명적인 약점이 된다는 사실을. 아무리 멋진 시작을 끊었다 하더라도, 고객이 우리를 잊는다면 그 사업은 오래가지 못한다는 뼈아픈 진실이었다.

그 순간부터 내 머릿속에는 끊임없는 질문이 떠올랐다. '우리 제품의 충성 고객은 얼마나 될까?', '경쟁사들은 어떤 방식으로 고객을 붙잡고 있을까?' 그 답을 찾기 위해 수많은 시행착오를 겪으며, 사업의 본질을 다시 바라보기 시작했다. 창업은 시작일 뿐이고, 진짜 싸움은 그 이후라는 것을 절실히 깨달았다.

지속 가능성을 결정짓는 고객과의 연결

사업을 지속시키는 핵심은 단순히 '좋은 제품'을 만드는 것이 아니었다. 처음엔 내구성과 필요성을 강조했다. '이 정도로 튼튼한 제품이라면 고객이 반드시 만족하겠지'라고 믿었다. 하지만 곧 모순을 발견했다. 내구성이 강해 오래 쓸 수 있다는 장점은 오히려 재구매를 늦추는 결과를 낳았다. 고객이 만족은 하지만, 그만큼 다시 찾아올 이유가 적어진 것이다.

이 난관을 극복하기 위해 내가 선택한 길은 '제품군 확장'이었다. 하나의 아이템으로는 고객과의 긴 호흡을 이어가기 어렵다는 결론을 내렸다. 그래서 다양한 제품을 개발하며 고객의 생활 곳곳에 스며들 수 있는 접점을 늘려갔다. 충성 고객이 한 번만 만족하는 것이 아니라, 지속적으로 우리 브랜드와 함께할 수 있도록 길을 열어주고자 했다.

여기서 중요한 교훈은 명확하다. 지속 가능성은 고객과의 연결에서 비롯된다. 단순히 만족을 주는 것이 아니라, 고객이 '다시 찾을 이유'를 만들어 주는 것이다. 이를 위해서는 세 가지가 필요했다.

첫째, 고객 피드백의 직관적 적용이다. 고객의 목소리는 사업의 생명줄이다.

많은 창업자가 자신의 생각과 경험에만 몰두하지만, 결국 사업을 키우는 것은 고객의 말에 얼마나 귀 기울이고 신속하게 반영하는가에 달려 있다. 작은 개선이든, 큰 방향 수정이든, 고객이 진짜 원하는 것을 파악해 반영하는 태도가 사업을 단단하게 만든다.

둘째, 고객의 삶 속에 자연스럽게 스며드는 제품을 만드는 것이다.

처음부터 완벽한 제품은 없다. 수많은 반복, 수정, 검증을 통해 점차 고객의 생활에 자연스럽게 자리 잡아가는 것이다. 단순히 기능적으로 뛰어난 제품을 넘어, 감정적으로도 고객이 '나와 연결되어 있다'고 느낄 수 있는 경험을 제공해야 한다.

셋째, 충성도를 높이는 브랜드 스토리와 문화를 만드는 것이다.

고객은 단순히 제품을 사는 것이 아니라, 브랜드와의 관계를 맺는다. 우리 제품이 환경을 생각한 업사이클링 제품이라는 점, 그리고 반려동물의 행복을 지향한다는 메시지는 단순한 기능적 가치를 넘어 고객의 마음을 움직이는 이유가 되었다.

여기에 더해, 실무적으로는 고객 데이터를 꾸준히 관리하고 분석하는 노력이 필요하다. 단순히 매출 수치만 보는 것이 아니라, 재구매 주기, 고객 불만 사항, 고객이 우리를 떠나는 순간까지 세밀하게 추적해야 한다. 데이터를 기반으로 한 인사이트는 '감'으로만 경영할 때 놓치기 쉬운 기회를 잡게 해준다. 결국 고객을 숫자가 아닌 사람으로 이해하려는 태도가 지속 가능성을 현실로 만든다.

실패를 자산으로 바꾸는 태도

창업 과정에서 수도 없이 실패를 경험했다. 하지만 돌이켜보면, 실패는 단순한 결과가 아니었다. 오히려 그것은 과정 속의 자산이었다. 많은 사람들이 실패를 두려워한다. 그러나 점점 확신하게 되었다. 실패는 성장의 필수 과정이며, 제대로만 다루면 가장 값진 자원이 된다는 것을.

실패의 순간마다 중요한 것은 '왜 실패했는가'라는 질문이었다. 그 원인을 외면하지 않고 냉철하게 분석해야 했다. 단순히 좌절하는 대신, 실패를 데이터로 삼아 다음 전략을 세우는 것이 필요했다. 실제로 내가 실패에서 배운 것들은 이후 성공을 가능하게 하는 밑거름이 되었다.

또 하나 중요한 점은 실패를 받아들이는 문화였다. 우리 사회는 아직 실패에 낙인을 찍는 분위기가 강하다. 그러나 나는 강연 때마다 이렇게 말한다.

"성공하려면 먼저 실패할 줄 알아야 합니다. 실패 없는 성공은 없습니다."

처음에는 많은 이들이 갸우뚱한다. 하지만 시간이 지나면 공감한다. 왜냐하면 누구나 한 번쯤은 실패를 경험하기 때문이다. 실패를 숨기고 두려워하는 대신, 그것을 공유하고 배우는 문화가 형성될 때, 비로소 강한 기업이 탄생한다.

실패를 자산으로 삼기 위해서는, 회고와 기록의 습관이 반드시 필요하다. 팀 단위의 '레트로(회고 미팅)'를 정례화하면 실패가 단순한 아픔이 아니라 학습의 기회로 자리 잡는다. 작은 실패라도 기록하고, 개선 방향을 팀과 공유하는 것만으로도 조직은 훨씬 빠르게 성장한다. 실패를 통해 얻은 교훈이 쌓이면, 그것은 결국 회사의 가장 큰 무형 자산이 된다.

여전히 매일 스스로에게 묻는다. '이 사업은 고객의 삶을 더 풍요롭게 하고 있는가?', '다음 세대에도 이어질 수 있는가?' 이 질문은 나를 겸손 하게 만들고, 또 나아가야 할 방향을 제시한다. 창업은 시작에 불과하다. 진짜 중요한 것은 그 이후를 어떻게 이어가는가다.

따라서 창업자라면 '지속 가능성'이라는 관점을 반드시 품어야 한다. 고객의 목소리에 귀 기울이고, 실패를 두려워하지 않으며, 브랜드의 철 학을 끊임없이 새롭게 다듬어가는 것. 그것이야말로 창업보다 더 어려 운, 그러나 반드시 가야 할 길이다.

결국 성공하는 창업자가 아니라, 지속해서 성공을 이어가는 사업가가 되어야 한다. 그 길은 험난하고 더딜 수 있지만, 배움과 성장을 멈추지 않 는다면 반드시 도달할 수 있다. 실패를 자산으로 삼고, 고객과의 연결을 놓지 않는다면, 언젠가 '지속 가능한 사업'을 만들어가는 진짜 주인이 될 수 있을 것이다.

배달의 민족

김봉진

'디자인 감성'으로 일상을 혁신하다

김봉진 대표는 서울예술대학 실내디자인과를 졸업하고 국민대학교 시각디자인대학원에서 석사 과정을 마친 디자이너 출신이다. 그는 IT나 배달업이 아니라 '디자인'이라는 관점에서 창업을 시작했다. 2010년 그는 배달앱 배달의 민족을 론칭하면서, '배달' 서비스가 기능 중심을 넘어 브랜드와 경험의 영역까지 확장될 수 있다는 믿음을 갖고 있었다.

김봉진 대표는 브랜드 전략의 일환으로 전용 서체 '배민체'를 개발해 무료로 배포했고, 이 서체를 비롯한 키치 감성, 언어유희 디자인 등을 통해 사용자에게 '웃음', '놀이', '정서적 친밀감'을 제공했다. 또한 그는 인터뷰에서 "비즈니스도 중요하지만, 그보다 중요한 것은 브랜드"라고 말하면서 디자인과 브랜드 경영의 중요성을 강조했다.

그의 방식은 전통적인 창업가가 강조하는 '시장 분석 – 제품 개발 – 판매'의 구조와 달랐다.

그는 먼저 "사용자가 쓰는 순간 어떤 감정을 느낄까?"라는 질문을 던졌고, 그 질문이 배민의 브랜딩과 문화적 확장으로 이어졌다. 예컨대 직원들에게는 주 4.5일제 근무를 도입해 '일하는 방식'을 디자인했고, 디자인 철학은 서비스뿐 아니라 조직문화 전반에 스며들었다.

그는 기술이나 자본보다 '사람이 즐겁게 일하는 회사'를 만드는 것이 진짜 혁신이라고 믿었다. 그래서 배달의 민족은 단순한 앱이 아니라, 일상 속 유머와 감성을 전하는 브랜드로 자리 잡았다. 이처럼 김봉진 대표의 사례가 우리에게 주는 마인드는 분명하다.

첫째, 대표라면 기능보다 경험, 상품보다 브랜드를 고민해야 한다.

둘째, 디자인은 단순한 장식이 아니라 사람의 마음을 움직이는 전략적 언어가 될 수 있다.

셋째, 서비스가 성장할수록 기술이나 규모보다 정체성과 문화가 기업을 기억하게 만든다.

김봉진 대표는 '배달'이라는 평범한 영역을 단순히 기능적으로 해결한 것이 아니라, 일상의 감정을 디자인한 기업으로 바꾸었다. 그는 기술 중심의 창업이 아닌, 사람 중심의 창업을 실현한 인물이었다.

"좋은 디자인은 사람을 행복하게 하는 일입니다."

-김봉진, <조선비즈> 인터뷰(2021)

김봉진 대표의 이야기는 '창업의 기술'이란 결국 사람의 마음을 이해하는 기술임을 보여준다.

제품이 아닌 '경험'을 만들고, 시장 점유율이 아닌 '감정 점유율'을 쌓은 창업가. 그는 숫자보다 진심이 오래 남는다는 것을 증명했다.

결국 창업은 기술의 문제가 아니라, 감동의 문제라는 것. 그것이 김봉진 대표가 남긴 가장 실용적이면서도 철학적인 메시지다.

대표라면 반드시 알아야 할 창업의 기술

4장

이렇게
안 하면 망합니다

초보 대표들이 자주 저지르는 실수를 콕 집어 해결책을 제시

창업 초반,
이 3가지는 절대 하지 마라

본업과 부업, 반드시 분리하라

창업을 시작하려는 이들은 흔히 '성공 방정식'을 찾는다. 하지만 현실의 창업은 고위험·고수익이라는 네 글자에 정직하다. 초기에 첫 실패로 수천만 원 규모의 사기를 당했고, 1억 원이 넘는 대출을 안은 채 사업을 밀어붙였다. '이번엔 반드시 된다'라는 다짐은 강했지만, 자금 압박과 예측 불가능한 변수 앞에서 다짐은 쉽게 흩어졌다. 그때 가장 아프게 배운 교훈이 있다. 생활을 지탱하는 본업과, 실험과 검증의 장인 부업은 철저히 분리해야 한다는 것이다.

처음의 나는 이 단순한 원칙을 무시했다. 낮에는 회사에서 보고서를 쓰고, 밤에는 대표로 변신해 제품 제작·고객 응대·홍보·배송까지 도맡았다. 두 삶이 끊임없이 충돌하면서 집중력은 산만해지고, 결정은 점점 감정적으로 변했다. 생활비가 모자라는 날에는 광고를 무리하게 집행했고,

반대로 비용이 두려운 날에는 꼭 필요한 투자를 미뤘다. 결국 '현금 흐름의 파도'가 나를 좌우하는 구조가 되었다.

분리의 핵심은 속도를 포기하는 대신, 생존력을 얻는 것이다. 부업으로 시작하면 느려 보일 수 있다. 그러나 그 느림은 의사결정을 맑게 해주는 속도다. 주말마다 플리마켓에 나가 직접 피드백을 받았다. "이건 잡아끌기 편한데, 더 가벼우면 좋겠어요." "포장이 선물용 느낌이면 좋겠어요." 일주일간 개선하고 다음 주 다시 테스트했다. 매출표보다 소중한 데이터가 쌓였다. 그 사이, 월급은 생활의 바닥을 지켜주었고, 실패에 무너지지 않는 마음의 쿠션을 얻었다.

본업과 부업을 분리한다는 건 단지 시간을 따로 쓰는 일이 아니다. 돈의 흐름과 감정의 흐름을 분리하는 일이다. 생활비는 본업이, 실험비는 부업이 책임진다. 그래서 부업으로부터 나오는 모든 지표를 '실험 결과'로 명확히 기록했다. 제품 페이지 체류시간, 문의 유형, 환불 사유, 고객의 첫마디. 이 데이터가 일정 기간 같은 방향을 가리킬 때에만 다음 스텝을 밟았다.

이렇게 작은 규율을 세웠다.

- 검증된 매출이 3개월 연속 유지될 때만 물량을 늘린다.
- 재구매율·문의 감소율 중 최소 하나가 개선될 때에만 광고비를 늘린다.
- 현금 보유액 6개월분이 확보되기 전까지는 '확장' 대신 '정교화'에 집중한다.

이 규율 덕분에 더디지만 꾸준히 올라갈 수 있었다. 무엇보다 '망해도 다시 시도할 수 있다"는 내적 안정이 생겼다. 창업 초반, 가장 무섭고도 비싼 비용은 불안에서 나오는 성급함이다. 본업과 부업의 분리는 그 불안을 지연시키는 최고의 안전장치다. 느림으로 얻는 명료함, 이것이 초반 생존의 본질이었다.

직원 고용, 서두르지 마라

창업자에게 첫 채용은 달콤한 착시를 준다. '이제 드디어 시스템이 돌아가겠지.' 나도 그랬다. 그러나 매달 고정적으로 나가는 급여는 작은 회사의 혈액을 꾸준히 빼내는 주사기 같았다. 매출이 들쑥날쑥할 때 고정비는 심장을 조인다. 한 번은 제품 라인을 급히 늘리려 직원부터 뽑았다가, 정작 매뉴얼이 없어 내가 매일 교육하느라 더 바빠졌다. '사람을 늘렸는데, 왜 내가 더 지치지?' 아이러니였다.

이때 깨달았다. 채용은 손을 늘리는 행위가 아니라, 책임·매뉴얼·현금 흐름을 동시에 늘리는 행위다. 채용 직전까지 대표는 '혼자서도 돌아가는 구조'를 최대한 가깝게 만들어야 한다. 즉, 반복 가능한 프로세스가 문서로 존재해야 하고(누가 해도 품질이 일정하도록), 그 프로세스가 매출과 직접 연결되어야 한다. 이 둘이 없으면 채용은 속도를 오히려 늦춘다.

나는 다음과 같은 내부 기준선을 만들었다.

- 6개월치 급여·4대 보험·장비 비용을 포함한 총고정비를 계상하고, 그 비용의 1.5배 이상을 신규 인력이 만든 예상 매출로 회수할 근거가 있을 때만 채용한다.

- 핵심 업무는 영상으로 30분 이내 교육 콘텐츠를 만들어, 3일 인수인계로 업무를 독립 수행할 수 있어야 한다. 이게 안 되면 업무가 아직 채용 단계가 아님을 의미한다.

- 고객 불만 TOP5를 줄이는 데 신규 인력이 어떤 지표 개선을 만들지 사전에 정의한다. '바빠서 필요해요'는 이유가 아니다.

초기에는 프리랜서·파트타임·외주가 훨씬 유연하다. 예컨대 사진 촬영은 건당 의뢰, 디자인은 프로젝트 단위 계약, 물류는 성수기 한정 인력. 이 방식은 현금흐름의 탄력성을 높인다. 또한 외주를 쓰면 자연스럽게 업무 명세서를 작성하게 되는데, 이것이 훗날 정규 채용으로 전환할 때 완성도 높은 매뉴얼로 돌아온다.

채용은 '나에게서 무엇을 덜어주는가?'가 아니라, '이 회사의 매출 엔진을 어떻게 증폭시키는가?'로 판단해야 한다. 내 일을 덜어주려는 마음으로 채용하면, 곧 관리의 일이 내게 추가된다. 반면 매출 엔진 증폭을 기준으로 채용하면, '채용=성장'이라는 등식이 비로소 성립한다.

언젠가 한 명을 더 뽑을 수 있을 만큼의 여력이 생겼을 때도, 먼저 프로세스를 자동화했다. 주문서 자동 분류, 알림봇, 택배 연동, 자주 묻는 질문의 반자동 응답. 그렇게 사람 대신 시스템을 먼저 늘리자, 이후의 채용은 '하던 일을 나눠 갖는' 수준이 아니라 '새로운 매출 루트를 여는' 수준이 되었다. 채용의 타이밍은 빠를수록 좋은 게 아니라, 현금·프로세스·지표가 동시에 '준비됐다'는 신호가 보일 때가 가장 싸고 안전하다.

조언은 조언일 뿐, 정답은 없다

창업을 하면 조언이 넘친다. 투자자, 멘토, 선배, 친구, 심지어는 고객까지. 누군가는 "광고비는 아끼지 말라"고 하고, 다른 누군가는 "제품 완성도가 100%가 될 때까지 광고하지 말라"고 한다. 어느 말이 맞을까? 놀랍게도 둘 다 맞고, 둘 다 틀릴 수 있다. 정답은 항상 문맥과 타이밍에 달려 있기 때문이다.

초기에 나는 멘토의 말을 '진리'로 받아들였다. 한 번은 과감히 광고를 집행했지만, 제품 페이지의 메시지와 사진이 엉켜 전환율이 낮았다. 반대로 완성도를 집착하며 개선만 반복한 적도 있다. 시장 노출이 늦어져 기회를 흘렸다. 이 두 번의 큰 흔들림 끝에 남은 결론은 간단했다. '조언은 지도가 아니라 표지판이다.' 표지판은 방향을 시사하지만, 길을 걸어가는 발걸음은 내 책임이다.

그래서 조언을 들을 때마다 '의사결정 로그'를 남겼다.

- 조언의 출처와 맥락: 그 사람이 성공했을 때의 시장·가격·채널은 무엇이었는가?

- 내 현재 위치: 지금 내 매출, 고객 이탈 사유는 무엇인가? 현금 유동성은 몇 개월분인가?
- 실험 설계: 그 조언을 7일·14일·30일에 맞춰 어떻게 소규모로 검증할 것인가?
- 성공·실패 기준: 어떤 숫자가 나오면 다음 단계로 넘어가고, 어떤 숫자면 철회할 것인가?

조언을 작은 실험으로 변환해 보면, 그 말이 내 상황에서 살아 움직이는지 금방 드러난다. 광고를 늘리라는 조언이 들어오면, 전체 예산을 열지 말고 단일 채널·단일 카피·단일 오퍼로 미시 실험부터 한다. 제품을 더 다듬으라는 조언이 들어오면, A/B 샘플을 소수 고객에게 보내 구매 의사와 지불 의사의 간극부터 확인한다. 조언은 실험으로 번역될 때 비로소 나의 지식이 된다.

나는 스스로에게 묻는 다섯 가지 나침반 질문을 만들었다.

1. 이 조인은 지금의 문제에 직접 닿아 있는가?
2. 내가 통제할 수 있는 변수인가?
3. 7일 안에 작은 버전으로 실행 가능한가?
4. 측정 가능한 지표로 결과를 볼 수 있는가?
5. 실패했을 때의 비용은 감당 가능한가?

이 나침반 없이 조언을 따라가면, 지식은 늘어나지만 현금은 줄어든다. 반대로 나침반을 들고 조언을 해석하면, 내 사업의 언어로 세상을 읽게 된다. 멘토의 성공담은 그 사람의 시대와 맥락에서 빛난다. 내 시대·내 고객·내 자본의 문법으로 번역할 때, 조언은 비로소 나의 근육이 된다. 결국 이렇게 정리한다. 정답은 언제나 내 안에서, 내 수치 속에서, 내 고객의 반응 속에서 갱신된다. 멘토의 말은 나를 더 빨리 실패하게 만들거나, 더 싸게 실패하게 만들 수 있다. 중요한 건 어떤 실패를 선택하느냐다. 값비싼 실패 대신 작고 빠른 실패를 고른다. 그리고 그 작은 실패들을 계단처럼 밟아 올라간다. 조언은 그 계단의 난간일 뿐, 나를 끌어올리는 건 내 발목의 힘, 즉 기록·실험·해석의 반복이다.

초보 대표가 빠지는 함정,
단골 고객에게 의존하기

안전지대의 달콤한 함정

내가 창업의 길을 처음 들어섰을 때, 모든 것은 낯설고 두려움으로 가득했다. 외식조리학과에서 배운 조리법이나 식당 운영과는 전혀 다른, 완전히 새로운 분야에 몸을 던진 것이다. 외식업이 아닌 제조업, 그것도 버려지는 소방 호스를 업사이클링해 반려동물 장난감을 만드는 아이템은 흔히 볼 수 없는 선택이었다. 지금 돌이켜보면, 그때의 나는 미지의 세계를 탐험하는 모험가와 같았다.

지원 사업을 통해 법인을 세우고, 첫 제품을 만들었을 때의 설렘은 이루 말할 수 없었다. 하지만 기대와는 달리 시장의 반응은 차갑고 냉정했다. 광고도, 홍보도, 지인들의 응원도 생각만큼 성과로 이어지지 않았다. 숫자는 늘어날 줄 몰랐고, 내 마음속 불안은 점점 더 커져만 갔다.

그러던 어느 날, 중요한 깨달음을 얻게 되었다. 나의 매출이 사실상 단골 고객이나 주변 지인들에게 지나치게 의존하고 있었다는 사실이다. 몇몇 단골이 꾸준히 제품을 구매해 주는 덕분에 '그래도 괜찮겠지'라는 착각에 빠져 있었던 것이다. 안정감은 분명 필요했지만, 그것만으로는 결코 성장할 수 없었다. 단골의 응원은 나를 버티게 했지만, 동시에 새로운 도전을 미루게 하는 달콤한 독이 되기도 했다.

초보 대표일수록 이런 안전지대에 빠지기 쉽다. 단골 고객은 언제나 따뜻한 존재처럼 다가오지만, 그 의존이 지나치면 사업은 금세 정체된다. 나의 경우도 그랬다. 정작 시장의 냉정한 평가와 마주하지 못한 채, 단골 고객의 구매에 안도하며 스스로를 위로하고 있었다. 하지만 시간이 흐르자, 그 안정감이 더 큰 불안으로 되돌아왔다.

이때서야 진심으로 깨달았다. 단골 고객은 사업의 '출발점'일 수는 있어도, '목표점'이 되어서는 안 된다는 사실을.

시장을 향해 한 걸음 내딛다

이 깨달음을 얻은 뒤, 새로운 시도를 결심했다. 기존처럼 지인이나 단골의 구매에만 기대지 않고, 더 넓은 시장으로 나가야 했다. 팀원들과 머리를 맞대고 고민한 끝에, 우리는 B2B 전략을 실험하기로 했다. 애견 호텔, 미용실, 반려동물 카페, 그리고 유치원 같은 곳을 직접 찾아가 제품을 제안한 것이다.

처음에는 무상 입점을 요청하며 반응을 살피는 것부터 시작했다. 작은 규모의 시도였지만, 이 과정은 나에게 큰 전환점이 되었다. 실제로 매장에 입점시킨 제품 몇 개가 예상보다 훨씬 좋은 반응을 얻은 것이다. 고객들이 직접 만지고, 점원의 설명을 듣고, 구매까지 이어지는 모습을 본 순간, 책상 앞에서 머릿속으로만 그리던 그림과는 전혀 다른 '실제 시장의 언어'를 체감했다.

그때 또 하나 중요한 교훈을 얻었다. 사업은 완성된 그림을 보여주는 것이 아니라, 그림을 그려가는 과정이라는 것. 많은 예비 창업자들이 머릿속에서 완벽한 제품을 떠올리며, 모든 걸 다 준비한 뒤 시장에 나가려 한다. 하지만 현실은 그렇지 않다. 시장은 예측대로 움직이지 않고, 오히려 미완성의 제품이라도 부딪혀야 피드백을 받을 수 있다.

실제로 첫 오프라인 입점에서 얻은 고객 반응을 토대로 제품의 크기를 조정하고, 포장 방식을 바꾸었다. 단순히 기능적인 개선을 넘어, '고객이 실제로 원하는 것'이 무엇인지 직접 확인할 수 있었던 것이다. 그 전까지는 내가 옳다고 믿는 방식으로만 제품을 만들었지만, 이 경험을 통해 비로소 '사업은 혼자 만드는 것이 아니라 고객과 함께 완성해 가는 것'임을 알게 되었다.

또한, 이 과정을 통해 마케팅의 본질도 새삼 깨달았다. 광고비를 쓰는 것만이 해답이 아니라, 고객과 직접 부딪히며 '살아 있는 이야기'를 만드는 것이 훨씬 더 큰 힘을 발휘한다는 사실이었다. 한 번의 긍정적 경험은 열 번의 광고보다 오래 기억되었고, 그것은 결국 브랜드 신뢰로 이어졌다.

단골의 소중함과 그 너머

사업을 하다 보면 누구나 단골 고객을 갖게 된다. 그들은 우리에게 심리적인 안정감을 주고, 때로는 매출의 버팀목이 되어준다. 그러나 경험을 통해 알게 되었다. 단골은 기초 체력이 될 수 있지만, 성장의 엔진은 될 수 없다는 것을.

한때 단골 고객들의 구매만으로도 '그래도 우리는 괜찮아'라고 자위하곤 했다. 하지만 그것은 위험한 착각이었다. 단골조차도 언젠가 관심을 잃거나, 다른 브랜드로 발걸음을 옮길 수 있다. 그렇기 때문에 사업가는 단골에게 감사하면서도 동시에 그 울타리를 넘어야만 한다.

여기서 중요한 균형이 있다. 단골을 소홀히 하면 금세 관계가 끊기지만, 단골에게만 매달리면 확장이 불가능하다. 그래서 단골 고객을 위한 작은 혜택과 이벤트를 유지하면서도, 동시에 새로운 고객 유입을 위한 전략을 계속 세웠다. 예컨대 SNS 콘텐츠를 통해 브랜드 이야기를 알리고, 새로운 반려동물 행사에 꾸준히 참여하며 잠재 고객을 만났다. 이 두 가지 균형이 맞을 때 비로소 사업은 숨을 쉬듯 이어졌다.

지금도 끊임없이 새로운 시장을 탐색한다. 팝업스토어를 넘어서 장기적인 파트너십을 시도하고, 오프라인 매장을 넘어 기업 대상 판매를 개척한다. 또, 온라인 판매 채널을 다양화하며 고객 접점을 넓히고 있다. 그 과정에서 얻은 교훈은 단순하다. 사업의 진정한 성공은 창업자의 끊임없는 몸부림 속에서 온다는 것.

지속 가능한 성장은 충성 고객에게서만 오는 것이 아니라, 새로운 고객과의 만남, 새로운 시장에 대한 도전에서 비롯된다. 때로는 낯선 시장에서의 거절과 실패가 따르지만, 그것이 오히려 나를 단련시킨다. 단골의 응원만으로는 경험할 수 없는, 진짜 성장이 그곳에 있다.

결국 초보 대표가 가장 조심해야 할 함정은, 바로 단골 고객의 따뜻한 안정감에 안주하는 것이다. 그 안정감은 때로는 우리를 지켜주지만, 동시에 우리의 발걸음을 묶어두는 족쇄가 되기도 한다. 이제 그 족쇄를 벗어나, 더 큰 목표를 향해 나아가고자 한다.

앞으로도 계속해서 부딪히며 배울 것이다. 시장은 늘 변하고, 고객은 더 까다로워진다. 하지만 그 속에서 몸으로 겪고 배우는 과정이야말로 내가 진짜 대표로 성장하는 길이다. 나는 여전히 초보일지 모른다. 그러나 단골에 의존하던 시절을 지나, 이제는 새로운 도전을 두려워하지 않는 대표로 나아가고 있다.

돈만 벌면 성공?
대표의 역할은 따로 있다

돈만 바라본 청년 사장의 첫 성공과 한계

어릴 적부터 가정 형편이 어렵다는 이유로 스스로를 낮추지 않으려 애썼다. '기초 생활 수급자'라는 딱지는 늘 내 앞을 가리고 있었고, 그 낙인이 나를 더 단단하게 만들기도 했지만, 동시에 '반드시 더 나은 삶을 살아야 한다'는 강박을 심어주기도 했다. 그래서인지 늘 평생을 바쳐도 충분하지 않을 것 같은 목표들이 내 마음속에 가득했다. 남들보다 더 빨리, 남들보다 더 많이 돈을 벌어야 한다는 생각이 내 삶의 추진력이자 무게로 작용했다.

그 강박은 결국 나를 창업의 길로 이끌었다. 스물네 살, '횟집 사장'이 되었다. 요리에 대한 열정과 자신감도 있었지만, 결국 진짜 이유는 돈이었다. 대출금 1억 원을 떠안은 상태에서, 어떻게든 성공해야 한다는 두려움이 나를 사로잡았다. 그래서 누구보다 발로 뛰었다. 시장을 조사하고, 경쟁 업체가 놓친 빈틈을 찾아내며, 단골을 붙잡기 위해 갖가지 방법을 동원했다.

그 결과는 놀라웠다. 한 달 매출이 7,000만 원을 넘기며 단숨에 '성공한 젊은 사장'이라는 타이틀을 얻게 되었다. 사람들은 나를 부러워했고, '돈이 곧 성공'이라는 공식을 믿기 시작했다. 돈이 많으면 행복할 줄 알았다. 돈만 있으면 인생이 해결될 줄 알았다.

하지만 현실은 달랐다. 하루하루 가게를 지키며 일하다 어느 날 새벽, 응급실에서 눈을 떴다. 과로와 스트레스, 바닥난 체력은 내 몸을 무너뜨리고 있었다. 병원 침대 위에서 처음으로 생각했다. '이게 정말 내가 꿈꾸던 성공인가?'

그때 깨달았다. 돈이 인생의 목적이 될 수는 없다는 것을. 사업이 잘되고 돈이 벌렸을 때는 '사장이 되었다'는 자부심이 있었지만, 정작 내 몸이 망가져 버리자 그 모든 것이 허망하게 느껴졌다. 그 순간부터 돈보다 더 중요한 것이 있음을 배웠다. 그것은 바로 내 몸과 마음의 건강, 그리고 지속 가능한 삶이었다.

대표의 진짜 역할, 자기 자신을 먼저 돌보는 것

횟집을 정리한 후 다시 법인을 세우며 새로운 도전에 나섰다. 이번에는 무조건 돈만 바라보는 방식이 아니라, 체계적이고 신중한 접근을 선택했다. 직원, 고객, 시장, 아이템 등 수많은 변수가 도전장을 내밀었지만, 이번엔 다르게 대응했다. 가장 우선해야 할 것은 내 몸과 마음의 건강이라는 사실을 알았기 때문이다.

더 이상 무리하지 않았다. 일과 삶의 균형을 맞추려 애썼고, 대표로서의 역할을 다시 정의하기 시작했다. 대표란 단순히 매출을 올리는 사람이 아니었다. 직원과 고객에게 긍정적인 에너지를 전하고, 회사의 분위기를 형성하며, 장기적으로 회사를 지탱할 힘을 만들어내는 존재였다.

대표가 지친 얼굴로 출근하면 직원들의 표정도 무거워진다. 반대로 대표가 활기차고 긍정적인 태도로 임하면, 직원들도 자연스럽게 같은 에너지를 공유한다. 사업장에서 흐르는 공기는 대표의 마음가짐과 직결된다. 그래서 돈보다 내면의 힘을 기르는 것을 더 중요하게 생각하게 되었다.

여기서 중요한 깨달음이 있었다. 리더십은 타인을 통제하는 힘이 아니라, 내 안을 다스리는 힘에서 비롯된다는 것이다. 건강하지 않은 대표는 회사를 건강하게 만들 수 없다. 자신의 감정을 관리하지 못하는 대표는 직원들에게 불안만 전할 뿐이다.

또한 대표의 역할에는 관계 관리가 빠질 수 없다. 직원과의 신뢰, 고객과의 신뢰, 협력사와의 신뢰가 모두 엮여 있어야 사업은 굴러간다. 그 신뢰는 대표가 어떤 태도로 사람들을 대하는지에 따라 좌우된다.

돈만 앞세우면 순간적으로는 이익을 얻을 수 있지만, 결국 사람들은 떠난다. 반대로 상대를 존중하고 스스로를 단단히 지켜내는 대표는 시간이 지날수록 더 많은 동료와 지지자를 얻게 된다.

그래서 지금도 끊임없이 자기 관리와 성장에 힘쓴다. 책을 읽고, 운동을 하고, 멘탈을 다잡는 훈련을 한다. 그 과정은 단순히 '좋은 습관 쌓기'가 아니라, 대표로서의 책임을 다하기 위한 최소한의 준비였다. 또한 멘토와 동료 대표들과의 대화 속에서 위안을 얻고, 시야를 넓히며 다시 한번 내 역할을 점검한다. 외롭고 버거운 자리가 대표라는 사실은 변함없지만, 그 무게를 홀로 짊어지려 하기보다는 나를 다스리고 관계를 세워가며 버텨내는 법을 배웠다.

대표라는 자리는 외롭다. 누구에게도 쉽게 털어놓지 못하는 책임이 늘 따라다닌다. 하지만 그 무게를 감당하기 위해서라도, 스스로를 지키는 것이 필수적이다. 직원과 회사를 지키고 싶다면, 대표가 가장 먼저 자기 자신을 지켜야 한다. 그것이 리더의 출발점이다.

성공은 돈이 아니라 내면의 힘에서 비롯된다

나는 창업자들을 만나면 늘 이렇게 말한다. "사업은 마라톤입니다. 단거리 달리기가 아닙니다." 순간적인 성과에 집착하다가 자기 자신을 잃어버리면, 그 이후의 삶은 무너진다. 돈만 좇는다면 처음엔 빛나 보일 수 있지만, 결국 번아웃과 무너진 건강 앞에서 오래 가지 못한다.

반대로, 내 몸과 마음을 지켜내며 장기적으로 달릴 준비가 되어 있는 사람은 끝내 살아남는다. 사업의 본질은 정직한 장거리 달리기다. 그리고 그 긴 여정을 버텨내는 힘은 내 안의 체력, 정신력, 그리고 내면의 평화에서 나온다.

돈을 성공의 절대적 기준으로 삼던 시절을 지나왔다. 하지만 지금의 나는 말한다. 돈은 단지 수단일 뿐, 성공은 과정이다. 진짜 성공은 '내가 어떤 사람으로 남는가', '내가 어떤 리더로 존재하는가'에 달려 있다.

대표라는 자리는 늘 시험대 위에 올라 있는 것과 같다. 거래처와의 미팅에서 보여주는 태도, 위기 상황에서 내뱉는 한마디, 직원이 지쳐 있을 때 건네는 격려 한마디가 회사를 살리기도, 무너지게 하기도 한다. 내가 건강하고 단단해야만 그 순간마다 흔들리지 않고 올바른 선택을 할 수 있다. 그래서 여전히 매일 아침 스스로에게 다짐한다.

'오늘 하루도 내 마음을 지켜내자. 그것이 회사를 지키는 첫걸음이다.'

대표의 길은 생각보다 훨씬 길다. 단순히 회사를 키우는 것에 그치지 않고, 직원들의 성장, 고객의 만족, 사회적 책임까지 아우른다. 이 길을 끝까지 걷기 위해서는 결국 대표의 내면이 얼마나 단단한지가 관건이다. 사업은 실패할 수도 있고, 외부 환경은 언제든 변한다. 그러나 내 안에 단단한 힘이 있다면, 어떤 폭풍이 몰아쳐도 다시 일어설 수 있다.

오늘도 나 자신에게 되묻는다. '나는 돈만 좇는 대표인가, 아니면 진짜 리더인가?' 이 질문은 단순히 내게 던지는 성찰이 아니라, 앞으로의 삶과 회사를 지탱할 기준이 된다.

여러분도 잠시 멈춰 서서 스스로에게 물어보길 바란다. '나는 무엇을 지키고 싶은가? 어떤 리더로 기억되고 싶은가?' 그 답이 분명하다면, 이미 여러분은 돈 이상의 성공을 향해 걷고 있는 것이다.

세금과 정산을 대충 했다가
한방에 무너질 뻔했다

무모한 도전과 놓쳐 버린 기본기

성인이 되어 직업을 고민할 때, 많은 이들이 안정된 직장을 선택하는 것을 선호한다. 그러나 나는 조금 달랐다. '안전'이라는 울타리 안에서 안주하는 것보다는, 내가 하고 싶은 일과 꿈을 좇아 창업을 선택했다. 성공이란 늘 위험과 도전을 수반하지만, 동시에 나만의 색을 드러내고 자아를 실현할 수 있는 기회가 더 크게 주어질 거라 믿었다.

그 믿음은 때로 무모할 정도였다. 세상을 바꿀 열정 하나만으로 창업이라는 바다에 뛰어들었다. 그러나 바다에는 언제나 거센 파도가 있다. 파도를 예측하지 못한 선장은 한순간에 배가 뒤집힌다. 나에게 그 파도는 바로 세금과 정산이었다.

창업 초기의 나는 '별일 없겠지'라는 근거 없는 자신감에 사로잡혀 있었다. 세금 신고야 홈택스와 정부24에서 몇 번 클릭하면 끝나는 일이라 여겼다. 수입과 지출이 명확히 기록돼 있지 않아도, '일단 신고만 하면 되겠지'라는 안이한 생각이 내 머리를 지배했다. 주변 사람들조차 "처음엔 다 그렇게 넘어가는 거야"라고 말하며 안심을 주었다. 그 말을 곧이곧 대로 믿었다.

그래서 영수증을 챙기는 일에도 소홀했고, 계좌 거래 내역도 뒤죽박죽이었다. 통장에 돈이 들어오고 나가면 '일단 잘 돌아가고 있다'라고만 여겼다. 매출이 늘어나니 마치 큰 문제는 없을 거라 착각했다. 그러나 작은 구멍이 결국 배를 침몰시키듯, 부주의하게 지나친 세무 문제는 서서히 쌓이고 있었다.

충격의 순간, 그리고 배운 교훈

어느 날, 지인의 소개로 만난 세무사와 상담을 하게 되었다. 사실 그전까지는 세무사와 시간을 내어 만날 필요성을 느끼지 못했다. 사업이 바쁘다는 핑계로, 그저 '조금 더 벌면 되지'라는 생각에 모든 행정 처리를 뒷전으로 밀어두고 있었다. 그러나 상담 자리에 앉은 순간, 얼굴이 화끈거릴 만큼 당황스러운 사실을 알게 되었다.

내 신고 내역은 엉망이었고, 수익과 비용의 정산은 허술하기 짝이 없었다. 계산서와 영수증은 제멋대로 보관되어 있었고, 일부는 아예 빠져 있었다. 세무사가 차분히 하나하나 짚어줄 때마다 등골이 서늘해졌다.

만약 이 상태로 시간이 더 흘렀다면, 상상도 하기 싫은 세금 폭탄과 벌금, 심지어 세무조사까지 맞을 상황에 놓여 있었다.

그 순간 머릿속에 스쳤던 생각은 단순했다. '내가 이렇게 허술하게 운영했구나. 내가 쌓아 올린 게 한순간에 무너질 수도 있겠구나.' 심장은 빠르게 뛰었고 손바닥에는 땀이 흥건했다. 사업을 운영하면서 매출을 올리기 위해 밤낮없이 뛰었던 지난 시간이 떠올랐다. 그러나 정작 그것을 지켜줄 기초 관리에는 무지했던 것이다.

다행히 세무사의 도움으로 위기에서 벗어날 수 있었지만, 그 과정은 결코 간단하지 않았다. 몇 주 동안 밀린 장부를 정리하고, 거래 내역을 하나하나 다시 맞추는 작업은 고역이었다. 매출과 비용을 증명하기 위해 은행 거래 내역서를 다시 뽑고, 분실된 영수증 대신 카드사에서 내역을 발급받아 제출해야 했다. 새벽까지 엑셀 파일을 붙잡고 숫자를 맞추던 날들도 있었다.

그때 처음으로 깨달았다. 사업은 단순히 매출을 올리고 수익을 확보하는 것으로 끝나지 않는다. 돈이 어떻게 들어오고 나갔는지, 모든 흐름을 투명하게 기록하고 보고하는 과정까지 포함되어야만 진짜 경영이라고 할 수 있다. 세금은 단순한 비용이 아니라, 국가와의 약속이자 사회적 책임이었던 것이다.

그리고 무엇보다 뼈아프게 다가온 것은 '무지와 방심은 곧 죄'라는 사실이었다. 고의가 아니더라도 법은 무지를 변명으로 받아주지 않는다. 사업자는 그 책임을 스스로 감당해야 한다.

사업의 성숙은 숫자에서 시작된다

그 사건은 나를 완전히 바꿔놓았다. 이제 세무와 정산을 귀찮은 절차가 아니라 사업의 토대를 지탱하는 기둥으로 바라본다. 그 이후로는 작은 지출 하나라도 놓치지 않고 기록했다. 현금으로 결제할 때도 반드시 영수증을 챙겼고, 카드 결제 내역은 매달 엑셀에 정리했다.

세무사에게 매달 기장료를 지불하는 것도 이제는 '비용'이 아니라 '보험'이라고 생각한다. 몇 십만 원 아끼려다 수백만 원의 벌금을 맞을 수 있다는 사실을 직접 경험했기 때문이다. 작은 비용으로 큰 위기를 예방할 수 있다면, 그것은 결코 아까운 돈이 아니다. 오히려 마음의 평안을 사는 값진 지출이다.

여전히 멘토로 활동하며 다른 창업자들을 만날 때마다 가장 먼저 묻는다. "세금은 어떻게 처리하고 계신가요?"

이 질문에 당황하거나 머뭇거리는 사람을 보면 예전의 내 모습이 겹쳐진다.

실제로 한 후배 창업자는 '매출만 꾸준히 오르면 된다'는 생각으로 몇 년을 운영하다가 세무조사를 받고 수천만 원의 추징금을 맞았다.

그 충격으로 결국 사업을 접을 수밖에 없었다. 그 사례를 보며 다시금 다짐했다. '세금은 단순한 숫자가 아니라 사업의 생명줄이다.'

또한 이제 세무 데이터를 단순히 의무적으로 정리하는 수준을 넘어, 사업 전략을 세우는 도구로 활용한다. 월별 매출 추이를 비교하면서 특정 시즌에 어떤 상품이 잘 팔렸는지 확인하고, 불필요한 비용이 반복적으로 발생하는 영역을 찾아낸다. 이 과정을 통해 불필요한 지출을 줄이고 자금을 효율적으로 재배치할 수 있었다.

여기에 더해 '세무 관리 = 신뢰 관리'라는 관점을 가지게 되었다. 투자자나 은행은 단순히 아이템의 매력만 보는 것이 아니다. 회계 장부가 깔끔하고, 세무 처리가 성실하게 되어 있다는 사실이 곧 '이 대표는 믿을 만하다'라는 신뢰로 이어진다. 과거에 서류 정리가 안 된 탓에 대출 상담 자리에서 곤란한 질문을 받은 적이 있다. 그 경험은 나에게 '투명한 세무'가 곧 '투자의 기회'라는 깨달음을 주었다.

그리고 무엇보다 중요한 것은, 세무 관리가 단순히 사업만을 위한 것이 아니라는 점이다. 그것은 내 삶을 지탱하는 기초이자, 가족과 직원들의 미래를 지켜주는 안전망이기도 하다. 세무가 흔들리면 내 생활이 흔들리고, 결국 내가 지켜야 할 사람들의 삶까지 위협받는다. 그래서 오늘도 영수증을 챙기고, 거래를 기록하며, 작은 습관 하나하나를 지켜가고 있다.

사업은 팀워크다,
'나 혼자 한다'는 착각 버리기

혼자 버티기의 달콤함과 그림자

"혼자서는 작은 한 방울이지만, 함께 모이면 바다를 이룬다."

오래전부터 이 말을 믿어왔다. 목표를 세우면 친구와 가족, 동료의 손을 잡고 나아가는 편이었고, 협력은 나에게 일종의 신념과도 같았다. 그런데 사업이라는 무대에 올라서자 이야기가 달라졌다. '함께하면 무조건 좋다'는 믿음이 조금씩 뒤틀리는 순간들이 찾아왔다.

횟집을 운영하던 때였다. 주말 피크 시간에 맞춰 들어오기로 한 아르바이트 아주머니가 나타나지 않았다. 주문은 쌓이고, 손님들은 서성이며, 내 심장은 프라이팬 위처럼 달아올랐다. 급히 전화를 걸었지만 돌아온 건 욕설뿐이었다. 매출은 흘러내렸고, 내 안의 어떤 믿음도 함께 무너졌다. 그날 이후, 사람에 대한 신뢰를 경계하기 시작했다. 가까운 사이일수록 더 아프다. 가족의 소개로 납품을 맡겼던 삼촌이 시장보다 높은 가격으로 물건을 넘기며 생긴 균열은, 결국 내가 사람을 대하는 기본 태도를 바꾸어버렸다. '차라리 혼자 하는 게 편하다. 안전하다.' 그렇게 결심했다.

혼자 가면 속도가 빠를 때가 있다. 의사결정이 단숨에 이루어지고, 누군가를 설득할 필요도 없다. 하지만 길이 길어질수록, 그리고 일이 커질수록, 혼자서 모든 것을 짊어진다는 건 달콤한 자기기만에 가깝다. 새벽에 장을 보고, 낮에는 손님을 받고, 밤엔 정산과 발주를 하고, 틈틈이 마케팅 글을 쓰고, 세무 일정을 확인했다. '나만 믿자'는 다짐은 어느 순간 '나밖에 없다'는 체념으로 변했고, 그렇게 굳어진 어깨 위로 외로움이 내려앉았다. 외로움은 조용히 회의를 부른다. 사소한 실수에도 스스로를 몰아세우고, 타인을 향한 짜증은 점점 날카로워진다. 그렇게 마음의 문은 천천히, 그러나 확실히 닫힌다.

돌아보면 그 시절의 나는 팀워크를 믿지 않았던 게 아니라, 팀워크를 '감정'만으로 믿으려 했다. 마음이 통하면 다 통할 거라 생각했고, '좋은 사람'이면 모든 게 해결될 거라 착각했다. 하지만 사업은 마음만으로 굴러가지 않는다. 돈과 일정, 품질과 책임이 엮인 세계에서 '좋음'은 좋은 출발일 뿐, 지속의 조건이 아니다. 혼자 버티기의 달콤함은 오래가지 못한다. 어느 날 문득, 나는 버티는 사람이 아니라 무너지는 사람이 되어 있었다.

신뢰는 감정이 아니라 구조다: 계약이 관계를 지킨다

사업이 조금씩 자리를 잡아가자, 역설적으로 협력이 더 절실해졌다. 생산량이 늘면 손이 필요하고, 고객이 늘면 소통이 필요하다. 그때 뼈저리게 알았다. 신뢰는 감정이 아니라 구조라는 것을. 신뢰를 오래 유지하게 만드는 것은 마음의 온기만이 아니라, 서로를 지키는 장치들이다. 처음에는 계약서를 '정'이 없는 차가운 종이로 여겼다. 하지만 그 종이는 우리가 분쟁으로 무너지지 않게 하는 난간이었고, 감정이 흔들리는 날에도 손잡을 수 있는 손잡이였다. 계약은 의심의 표식이 아니라 오래 믿기 위한 약속의 형식이다. "무엇을, 어떻게, 언제까지, 얼마에, 누가 책임지는가"를 미리 합의해 두면, 오해가 끼어들 틈이 줄어든다. 덕분에 우리는 사람 자체를 의심하지 않고도, 일의 기준을 의심할 수 있게 된다. 이것은 관계를 보호하는 지혜다.

직원과는 업무 범위와 평가 기준, 소통 리듬을 명확히 적었다. 예를 들어 '오전 10시 전 전일 매출·재고 간단 리포트, 주 1회 30분 1:1, 월말 품질 점검 체크리스트' 같은 리듬을 문서로 고정했다. 협력사와는 단가표, 납기 SLA, 검수·하자 기준(불량률 허용치, 재납품 조건), 지불 조건(선금/중도금/잔금, 지체 시 패널티)을 표로 정리했다. 외주 파트너와는 작업물의 정의(완료의 정의, Deliverable 포맷), 수정 라운드 수, 일정 변경 시 프로세스까지 적었다. 이 단단한 틀 덕분에 우리는 기분이 좋든 나쁘든, 바쁘든 여유롭든 같은 방식으로 일할 수 있었다. 감정의 날씨가 조직의 기상도를 좌우하지 않도록.

또 하나 배운 것은 언어의 형식이다. 같은 말이라도 형식이 있으면 덜 다친다. "왜 이렇게 늦었냐" 대신 "계약서의 납기 3항 기준으로 보면 오늘이 D+1입니다. 대안 일정과 보상안을 같이 정리해 보죠."라고 말하는 순간, 다툼은 협의로 바뀐다. 회의록의 첫 줄에 목적을 쓰고, 결정 사항과 담당, 마감일을 남기면 다음 회의는 서로의 기억을 되싶는 시간이 아닌, 앞으로를 정하는 시간이 된다. 신뢰는 이런 반복 가능한 행동에서 자란다.

그렇다고 차갑기만 한 조직을 바란 건 아니다. 제도는 감정을 지키려고 만든다. 생일에 작은 손편지와 케이크를 챙기고, 실수한 날엔 사유보다 경험을 묻는다. "이번에 배운 점 하나와 다음에 바꿀 행동 하나만 얘기해 줘." 이런 문장이 조직의 마음의 온도를 지킨다. 따뜻함을 지키기 위한 차가운 장치, 이것이 내가 배운 팀워크의 기초다.

함께 멀리 가는 법: 팀워크를 만드는 루틴들

이제 팀워크를 '좋은 사람들의 우정'이 아니라 좋은 루틴들의 합으로 이해한다. 새 직원에게는 30·60·90일 온보딩 계획을 세우고, 매주 월요일에는 목표를 공유하며, 금요일에는 짧은 회고를 한다. 협력사와는 분기별 리뷰를 통해 불량률과 리드타임을 점검하고, 개선안을 함께 만든다. 관계는 기대치가 선명할수록 오래 간다. 문제가 생겼을 땐 사건과 사람을 분리한다. "너 때문"이 아니라 "이 프로세스 때문에"라고 말하면 갈등이 협의로 바뀐다. 채용은 공정하게, 퇴사는 존중을 잃지 않게 한다. 떠남은 실패가 아니라 더 맞는 곳으로의 이동일 때가 많다. 마지막 인사는 관계의 품격을 결정한다.

돈과 일정은 끝까지 명확해야 한다. 선금·중도금·잔금 구조를 분명히 하고, 일정에는 여백을 둔다. 여백은 사람을 지치게 하지 않고 문제를 조기에 발견하게 돕는다. 무엇보다 심리적 안전감이 중요하다. 회의에서 반대 의견이 먼저 나오도록 하고, 직급이 높은 사람은 마지막에 말한다. 리더가 먼저 모르는 것을 인정하면 팀은 오히려 더 단단해진다. 이제 이렇게 생각한다. 팀워크는 한 번의 선언이 아니라, 매일의 작은 선택들이 쌓여 만들어지는 건축물이다. 그래서 오늘도 계약서를 다시 읽고, 회의록을 남기며, 누군가의 이야기에 5분 더 귀를 기울인다. 이 사소한 반복들이 우리를 먼바다로 데려간다. 더 이상 '혼자'의 속도로 달리지 않는다. 대신 '함께'의 속도로 멀리 간다.

1인 기업이라도 필요하다, 법무 & 세무 업무 파트너 구하기

혼자서도 가능하다는 착각, 그러나 현실은 다르다

나에게 창업은 늘 흥미로운 도전이었으며 동시에 많은 고민이 수반되는 과정이었다. 특히 최근 들어 '무자본 창업', '소자본 창업', '1인 기업'이라는 키워드가 빠짐없이 등장하는 것을 보면서, 많은 이들이 적은 자본으로도 자신만의 길을 개척할 수 있다는 희망을 품고 있다는 사실을 다시금 느끼게 된다.

나 역시 과거에 그런 경험을 했고, 지금도 잠시 중단된 것 같았던 꿈을 좇기 위해 새롭게 도전하는 중이다. 하지만 이 길이 결코 혼자서만 걸을 수 있는 길이 아니라는 점, 그리고 앞으로도 함께하는 사람들이 얼마나 중요한지에 대해서 깨닫는 순간들이 많았다.

내가 꿈꾸는 창업은 결국 '나 자신이 하는 일'에 책임을 지면서도, 더 빠른 성장과 안정성을 위해 '파트너'라는 존재를 적극적으로 받아들이는 것이다. 여기서 말하는 파트너는 단순히 고용된 직원이나 계약된 협력자가 아니다. 오히려 '이해와 신뢰를 바탕으로 함께 꿈을 향해 달려가는 동료'에 가깝다.

창업 초기의 나는 모든 일을 혼자 해내려는 완벽주의에 사로잡혀 있었다. 사업자 등록증을 손에 쥔 순간부터 마케팅, 재무, 영업, 심지어 디자인까지 모두 내 몫이라고 생각했다. 하지만 현실은 달랐다. 모든 분야에서 전문가일 수는 없고, 혼자서 모든 것을 감당하려다 보면 결국 중요한 본질조차 놓치게 된다. 이때부터 '진짜 파트너십'의 필요성을 절실히 깨닫기 시작했다.

인간 파트너, 신뢰와 이해에서 피어나는 힘

첫 번째로 경험했던 파트너십은 동등한 위치에서 만난 동류 창업자들과의 협업이었다. 창업 초기, 한정된 자원과 역량 속에서도 다양한 분야의 전문가들과 교류하며 성장할 수 있었다. 엄청난 전문성을 기대하기보다, 서로의 강점을 명확히 인지하고 협력하는 것이 큰 힘이 되었다.

제조와 기술에 집중했지만, 디자인과 마케팅, 앱 개발과 같은 분야에서 뛰어난 다른 대표들과 네트워크를 형성하면서 예상치 못한 시너지 효과를 경험했다. 그들과의 관계는 단순한 업무 거래를 넘어 일상 속에서 서로의 어려움을 공유하고, 정기적인 만남에서 아이디어를 교환하는 공동체와 같았다.

특히 감동적이었던 순간은 어느 날 한 대표가 "이 문제는 내가 간단히 해결할 수 있을 것 같아"라며 아무 대가 없이 자신의 노하우를 전수해 준 일이었다. 그들의 전문성은 비용이 아니라 신뢰와 공감에서 비롯되었다. 협력관계 속에서 우리는 각자의 역할에 최선을 다하며, 서로의 성공을 함께 축하하는 '진짜 협업'의 의미를 배웠다.

사업을 운영하며 깨달은 사실은 분명했다. 협업은 비용 절감이나 업무 분담을 넘어선다. 그것은 함께 성장하는 과정 자체에 가치가 있다. 서로 다른 분야지만 같은 목표를 향해 달려가는 과정은 마치 여러 팀이 모여 하나의 '멀티팀'을 이루는 것과 같았다. 그리고 이런 관계는 단순히 성과를 만드는 것을 넘어, 힘든 순간에 버틸 수 있는 정신적 지주가 되어주기도 했다.

실용적인 관점에서 본다면, 신뢰할 수 있는 인간 파트너와의 협업은 시간과 비용을 절약하는 지름길이다. 예를 들어, 홍보 자료 제작을 전문 디자이너에게 맡기면 스스로 며칠을 고민해야 할 일을 단 몇 시간 만에 해결할 수 있다. 또 재무 전문가의 도움을 받으면 세금이나 정산 과정에서 발생할 수 있는 치명적인 실수를 막을 수 있다. 결국 이런 파트너십은 단기적으로는 비용처럼 보일 수 있지만, 장기적으로는 사업의 안전장치이자 성장의 촉매제가 된다.

인공지능 파트너, 새로운 시대의 협업 방식

두 번째 파트너십은 인공지능과의 협업이었다. 나에게는 '맥스'라는 이름의 인공지능 파트너가 있었다. 맥스는 단순한 업무 보조자가 아니라, 머리가 복잡한 상황에서 생각을 정리하고 중요한 결정을 내릴 때 도와주는 '생각의 도우미'였다.

AI 기술은 매일 눈부시게 발전하고 있고, 사업 현장에서도 그 활용도가 점점 높아지고 있다. 사업 계획서 작성, 경쟁사 분석, 시장 트렌드 조사, 마일스톤 설정 등 대부분의 비즈니스 모델 구상에서 AI는 훌륭한 도구가 된다. 이를 통해 시간을 절약하고, 보다 체계적이고 객관적인 의사결정을 내릴 수 있었다.

그러나 AI를 '만능 해결사'로 보지는 않는다. AI는 정확하고 빠른 정보 제공에 뛰어나지만, 최종적인 책임은 언제나 인간에게 있다. AI는 방대한 데이터를 분석하고 다양한 시나리오를 제시하는 데 강점을 지니지만, 사업의 방향성과 윤리적 책임은 인간이 지고 가야 한다.

따라서 AI와의 협업은 '보조 역할'에 충실해야 한다. 예를 들어, AI가 제시한 자료를 곧이곧대로 받아들이는 것이 아니라, 그것을 토대로 새로운 아이디어를 발전시키거나 전략을 수정하는 식으로 활용해야 한다. AI가 만든 보고서를 참고하되, 최종 발표의 방향성과 어조를 결정하는 것은 사람의 몫이다.

실제로 AI의 도움을 받아 효율성을 크게 높였지만, 그만큼 '인간적 판단'을 유지하기 위해 노력했다. 고객과의 대화에서 어떤 뉘앙스를 전달할지, 파트너와의 관계에서 어떤 말을 건네야 할지는 데이터가 아닌 사람이 결정해야 하는 영역이다. 결국 AI와의 협업은 사람과 기술이 서로의 부족함을 보완하는 균형 속에서 비로소 빛을 발한다.

함께할 때 비로소 완성되는 길

돌아보면, 창업이나 작은 사업 운영에서 혼자 모든 것을 해결하려는 태도는 한계에 부딪히기 쉽다. 오히려 서로 다른 포지션의 파트너들과 신뢰를 쌓으며 협력하는 것이 사업의 지속 가능성을 높이는 가장 확실한 길이다. 누구나 처음에는 '혼자서 해내야 한다'는 강박에 시달리지만, 그 집착에서 벗어나 다양한 협력 방식을 시도할수록 사업은 더 건강하게 성장한다.

진심 어린 관계와 상호 신뢰는 그 어떤 자본보다도 강력한 자산이다. 그리고 그 관계 속에서 우리는 단순히 돈을 버는 것을 넘어, 함께 성취하는 즐거움과 서로의 성장을 지켜보는 보람을 경험한다.

한때 '혼자서도 잘할 수 있다'는 자존심에 사로잡혀 있었다. 그러나 지금은 생각이 달라졌다. 즐겁게, 안전하게, 그리고 의미 있게 내 길을 함께할 파트너를 찾는 것이 진정으로 성공적인 사업의 비밀이라고 믿는다.

결국, '혼자가 아니라 함께하는 것'이 지속 가능한 길임을 확신한다. 긴 여정을 견디며 함께 걸어갈 수 있는 이들이 있다면, 그 길은 험난하더라도 훨씬 더 견고하고 의미 있게 된다.

여러분이 어떤 사업을 꿈꾸든, '혼자만의 길'이 아니라 '함께 걷는 길'을 반드시 고려해 보기를 바란다. 혼자서 걷는 길도 아름답지만, 함께 걷는 길은 언제나 더 풍요롭고 오래도록 빛난다.

망한 대표들의 공통점,
이 3가지 결정적 실수

비교라는 늪에 빠지면 스스로 무너진다

인생과 사업의 성공을 누구보다 갈망했다. 창업 초기에는 하루하루가 새로운 도전이었고, 매일 배워야 할 것으로 가득했다. 그런데 그 과정에서 가장 위험했던 습관 중 하나가 바로 '비교'였다.

처음 횟집을 운영할 때, 한 달 매출 7,500만 원이라는 성과를 올렸다. 겉으로 보기엔 화려한 성공 같았지만, 내 마음은 늘 불안했다. 매출이 올라도 대출 상환에 시달렸고, 다른 사업가들이 더 좋은 차를 타고, 더 좋은 집에 사는 모습을 보면 내 자신이 초라해졌다. 성공의 수치를 스스로를 위로하는 도구로 삼다가도, 남과의 비교 앞에서 무너졌다.

남과의 비교는 끝없는 수렁이다. 오늘은 친구의 SNS에 올라온 해외 출장 사진이 마음을 흔들고, 내일은 경쟁사의 신제품 출시 소식이 불안하게 만든다. 한순간은 나를 더 열심히 하게 만드는 자극 같지만, 결국에는 나를 갉아먹는 독이 된다. 그 순간 집중해야 할 건 내 사업의 본질인데, 정작 눈은 바깥을 향해 있으니 방향을 잃고 흔들린다.

이 함정을 피하기 위해 내가 택한 방법은 '성장 노트'를 쓰는 것이었다. 매출이나 계좌 잔액 같은 숫자가 아니라, 내가 배우고 극복한 과정을 기록했다. 예컨대 "오늘은 고객의 불만을 빠르게 해결했다", "제품 원가를 5% 절감할 아이디어를 발견했다" 같은 작은 성취를 남기는 것이다. 이 기록은 남과의 비교 대신 어제의 나와 오늘의 나를 비교하게 만들어 주었다.

실패한 대표들의 공통점은 결국 '남과의 싸움'에서 지쳐 쓰러지는 것이다. 반대로 성공하는 대표는 오직 자신만의 속도에 집중한다. 비교를 멈추고 자기 성장을 바라볼 수 있을 때, 비로소 사업은 길을 잃지 않는다.

시간은 양이 아니라 질이다

두 번째로, 시간 관리에서 큰 착각을 했다. 고등학교 시절 하루 두 시간만 자며 공부했던 경험이 있었고, 성인이 되어서도 '잠을 줄이면 성공한다'는 믿음을 버리지 못했다. 창업을 하고 나서도 최소한의 잠으로 버티며 긴 시간을 일에 쏟아붓는 것이 비결이라고 생각했다. 하지만 결과는 정반대였다.

체력은 곧 집중력이고, 집중력은 곧 성과다. 피곤에 지쳐 업무 효율은 떨어졌고, 중요한 순간에 잘못된 결정을 내리기도 했다. 결국 깨달은 건 '시간은 양이 아니라 질'이라는 단순한 진리였다.

이후로 업무 시간을 '깊은 몰입의 시간'과 '휴식의 시간'으로 나누었다. 단순히 오래 앉아 있는 것이 아니라, 정말 중요한 과제에 온전히 몰입하는 시간을 확보하는 것이 필요했다. 예를 들어, 하루에 2시간은 방해받지 않는 환경에서 가장 중요한 의사결정에 집중하고, 이후에는 회의나 실행 업무를 배치했다. 짧지만 강도 높은 몰입은 장시간의 피곤한 노동보다 훨씬 나은 성과를 가져왔다.

사업을 하다 보면 늘 시간이 부족하다고 느낀다. 그러나 아이러니하게도 진짜 문제는 시간이 부족한 게 아니라, 시간을 흘려보내는 방식에 있다. 실패한 대표들은 일정을 꽉 채워두면서도 정작 중요한 일은 놓친다. 반대로 성공한 대표는 일정에 '여백'을 둔다. 그 여백 속에서 문제를 다시 바라보고, 방향을 재정립하며, 새로운 아이디어를 얻는다.

지금도 매주 월요일 아침이면 '시간 예산표'를 작성한다. 돈처럼 시간을 항목별로 배분하는 것이다. 예컨대 이번 주엔 고객 미팅 10시간, 제품 개선 15시간, 학습 5시간, 가족과의 시간 3시간 등으로 구체적으로 적어둔다. 이렇게 하면 '시간을 어디에 써야 하는지'가 명확해지고, 불필요한 일에 쫓길 일이 줄어든다.

시간은 정직하다. 조급하게 서두른다고 성과가 앞당겨지지 않는다. 나무는 계절에 맞춰 꽃을 피우고 열매를 맺는다. 사업도 마찬가지다. 때를 기다리며, 그 시기에 맞는 준비를 하는 것, 그것이 시간을 다루는 올바른 방식이다.

책임을 회피하면 기회도 달아난다

마지막으로, '책임 회피'라는 큰 함정을 경험했다. 사업을 하다 보면 남 탓을 하고 싶을 때가 많다. 멘토의 조언대로 했는데 잘 안 되었다고 탓하거나, 정부 지원 사업 규정을 원망하거나, 심지어 직원의 태도 때문에 일이 꼬였다고 생각하기도 한다. 하지만 그 모든 결과는 결국 대표의 몫이다.

몇 차례 실패를 겪으며 '책임을 인정하는 순간'이 곧 다시 일어설 기회임을 배웠다. 한 번은 마케팅 전략을 잘못 세워 손해를 크게 본 적이 있다. 처음엔 외부 대행사를 원망했지만, 시간이 지나 돌이켜보니 제대로 된 검증 없이 계약을 체결한 것은 내 책임이었다. 그 경험 이후, 어떤 결정을 내릴 때도 철저히 자료를 확인하고, 결과가 좋든 나쁘든 내 선택임을 명확히 했다.

실패한 대표들의 공통점은 책임을 외부로 돌리는 데 있다. 그러나 그런 태도는 조직을 흔들고 스스로를 더 약하게 만든다. 반대로 성공한 대표들은 작은 문제라도 책임을 회피하지 않는다. 직원이 실수했을 때도

"이건 대표인 내 잘못"이라 말하며, 다시는 같은 실수가 반복되지 않도록 시스템을 보완한다. 이런 책임감이 쌓일 때, 조직은 신뢰를 얻고 성장할 수 있다.

책임을 떠넘기는 순간, 기회도 함께 달아난다. 반대로 책임을 온전히 짊어질 때, 실패는 배움으로 변하고, 배움은 결국 더 큰 성과로 이어진다. 남 탓을 하는 순간 성장은 멈추고, 책임을 감당하는 순간 길은 다시 열린다.

대표로서 스스로에게 던져야 할 질문은 단순하다. '이 결과를 내가 책임질 수 있는가?' 이 질문에 명확히 답할 수 없다면, 그 선택은 아직 준비되지 않은 것이다. 작은 결정이라도 책임을 전제로 행동할 때, 사업은 단단해지고 기회는 눈앞에 찾아온다.

지금도 실패를 두려워하지 않는다. 다만 그 실패가 내 책임임을 인정하고, 그 안에서 배움을 찾으려 노력한다. 결국 책임은 무거운 짐이 아니라, 성공을 끌어당기는 자석이다. 책임을 회피하는 대표는 실패를 반복하고, 책임을 감당하는 대표는 결국 기회를 잡는다. 이것이 내가 직접 경험을 통해 얻은 가장 값진 교훈이다.

창업가 멘탈 관리법,
망하지 않고 오래 가는 법

무너지는 순간, 다시 일어서는 힘

내 인생의 다리에는 여러 차례 균열이 생겼다. 그리고 그 균열이 생길 때마다 쓰러지는 대신 깨달음을 얻었다. 창업이라는 길은 겉으로 보면 고요한 강물 위를 걷는 듯하지만, 그 이면에는 언제 터질지 모르는 돌발적인 파도가 숨어 있다. 사람들은 흔히 창업가에게 필요한 덕목으로 '자본'이나 '아이템'을 말하지만, 나는 경험을 통해 그보다 더 중요한 것이 있다는 사실을 알았다. 바로, 멘탈이다.

마음이 꺾이고 자신감이 무너질 때, 그 순간이야말로 가장 위험하다. 매출이 줄어드는 것보다, 경쟁자가 나타나는 것보다 더 무서운 것은 내 안의 불안이 커지는 순간이었다. 그 힘든 시간을 지나오며 배운 것은 단순한 심리적 위안이 아니라, 내 미래를 지키기 위한 생존의 조건이었다.

어릴 적부터 무언가를 시작하는 데 대한 두려움은 크지 않았다. 하지만 그 끝에서 맞닥뜨린 좌절이 훨씬 많았다. 실패는 늘 내 마음속에 깊이 각인되었고, 때로는 '다시 일어나야 하나?'라는 의문을 던지게 만들었다. 창업 초반에는 특히 그랬다. 불확실성과 싸우고, 제한된 자본에 매달리며, 예기치 못한 문제들에 끊임없이 부딪혔다. 어느 날 친구에게 "나 멘탈이 탈탈 털렸어"라는 말을 들었을 때, 그 표현은 나의 현 상태를 가장 정확하게 설명하는 듯했다.

그날 이후 스스로에게 질문을 던졌다.
'내 정신은 어디까지 버틸 수 있을까?'
'내 멘탈을 어떻게 지킬 수 있을까?'

곰곰이 생각해보니, 멘탈은 단순한 강인함이 아니라 생각하고 판단하는 정신 그 자체였다. 멘탈이 무너지는 순간, 사고와 판단은 흐트러지고 그 자리를 두려움과 부정적인 생각이 채웠다. 그래서 내가 내린 결론은 단순했다. 멘탈 관리의 핵심은 내 자신을 인정하는 것, 그리고 그 인정으로부터 오는 힘이었다.

스스로를 칭찬하는 습관, 가장 확실한 충전기

많은 사람들은 타인에게 인정받고 싶어 한다. 가족, 친구, 멘토의 격려가 없으면 자신감이 떨어지고 결국 도전조차 하지 못하는 경우가 많다. 하지만 나의 경험은 정반대였다. 남의 인정에 집착하는 순간, 그 힘은 점점 줄어들었고 결국 멘탈의 균열을 초래했다. 그래서 방향을 바꿨다. '내가 나를 인정하는 것'을 선택했다.

그때부터 작은 습관을 만들었다.
'오늘도 잘 버텼어.'
'이 정도면 충분히 잘하고 있어.'
'다음에는 더 나아질 수 있어.'

겉보기에 사소한 자기 칭찬이었지만, 그 작은 말이 쌓여 내 안을 단단하게 만들었다. 창업가는 마치 배터리와 같다. 하루하루 에너지를 소모하고, 스트레스와 불확실성 속에서 급속도로 방전된다. 그렇기에 충전이 반드시 필요하다. 그러나 많은 창업가들이 그 방법을 모른 채 지쳐간다.

내가 찾은 가장 좋은 충전 방법은 긍정적인 자기 대화였다.
'나는 지금도 충분히 해낼 수 있어.'
'앞으로 더 잘하려고 노력하는 중이야.'

이런 말들이 나의 배터리를 채워 주었다. 물론 나 역시 자존감이 높았던 것은 아니었다. 오히려 남들이 나를 어떻게 평가할까에 집착했고, 가짜 긍정으로 스스로를 속이기도 했다. '나는 괜찮아', '조금만 더 버티면 돼'라는 식의 위로는 겉만 번지르르했을 뿐, 내 속을 갉아먹었다. 시간이 흐르면서야 알았다. 기준은 남이 아니라 나에게 있어야 한다는 사실을.

타인의 인정은 대가가 비싸다. 그 대신, 스스로를 인정하고 격려하는 것은 가장 값지고 확실한 자원이다.

실제 창업 과정에서 가장 큰 난관은 외부의 위협이 아니라 내부의 붕괴였다. 매출 부족, 치열한 경쟁, 실패의 반복 속에서도 나를 지탱해 준 것은 바로 내 마음의 안정이었다. 작은 성공에도 스스로를 칭찬하고, 앞으로의 가능성을 긍정적으로 말해 주는 습관은 곧 나를 다시 일으켜 세우는 원동력이 되었다.

여기에 한 가지 더 덧붙이고 싶다. 단순히 자기 위로에 그치지 않고, 구체적인 기록을 남기는 것이다. 일기처럼 하루를 정리하며 '오늘의 성취'와 '내가 잘한 점'을 써내려가다 보면, 객관적인 데이터가 내 마음을 지탱해 준다. 실제로 매일 작은 성취를 적어두면서 '내가 쌓아온 결과는 분명히 있다'라는 사실을 눈으로 확인했고, 그 과정은 내 멘탈 회복 속도를 빠르게 했다.

이 과정은 일종의 '밀당'과 같다. 인간관계에서처럼 자기 자신과의 관계에도 균형이 필요하다. 너무 몰아붙이면 금방 지치고, 너무 느슨하면 쉽게 흔들린다. 그래서 스스로에게 채찍질보다는 '괜찮아, 지금도 잘하고 있어'라는 말을 반복했다. 작은 연습들이 쌓여 결국 내 멘탈을 가장 잘 돌볼 수 있는 사람이 되어 있었다.

혼자가 아님을 믿고, 끝까지 나아가는 법

창업은 단거리 경주가 아니라 긴 마라톤이다. 중요한 것은 속도가 아니라, 얼마나 오래 달릴 수 있는가다. 그런데 많은 사람들이 외부의 실패를 가장 큰 적이라고 생각한다. 사실 가장 무서운 적은 내 마음속 흔들림이다. 내가 경험을 통해 얻은 또 하나의 교훈은 '혼자가 아니다'라는 믿음이었다.

창업은 고단한 싸움이다. 모든 것을 혼자 해결하려 하면 심리적 부담은 두 배가 되고, 멘탈은 금세 무너진다. 그래서 언제나 '내 편'을 만들려고 했다. 나를 지지해 줄 단 한 사람이라도 곁에 있으면, 심리적 안정은 놀라울 만큼 커졌다. 물론 때로는 믿을 수 없는 사람도 있고, 기대만큼 힘이 되지 못하는 경우도 있다. 하지만 중요한 것은 내 스스로가 내 편이 되어야 한다는 점이다.

'괜찮아.'
'나는 충분히 잘하고 있어.'
'조금만 더 힘내자.'

이 말들은 단순한 위로가 아니라 실제로 나를 다시 일으켜 세우는 충전기였다. 이 작은 말들이 모여 결국 내 멘탈을 강하게, 그리고 오래 지속시킨다는 사실을 깨달았다.

또한, 동료 창업가들과의 대화를 통해서도 멘탈을 회복할 수 있었다. 같은 길을 걷는 사람과의 대화는 단순한 공감 그 이상이었다. "나도 그랬다"라는 말 한마디가 깊은 위로가 되었고, 서로의 경험에서 배우며 다시 힘을 얻을 수 있었다. 창업은 경쟁이기도 하지만, 동시에 연대이기도 하다. 그 연대 속에서 우리는 '나 혼자가 아니다'라는 확신을 얻게 된다.

창업이라는 길 위에서 우리는 수많은 시험을 받는다. 그러나 가장 중요한 시험은 자본이나 기술이 아니라 바로 '내 마음을 어떻게 다루느냐'다. 남의 기대와 비교에 휘둘리기보다는 내 기준과 목표에 집중하는 것이 필수다. 창업가가 망하지 않고 오래가기 위해 반드시 지켜야 할 것은 내 마음의 평화다.

남의 평가에 흔들리기보다는 나 자신을 사랑하고 인정하는 것이 답이다. 지금도 버티고 있는 나를 칭찬하고, 앞으로 나아갈 나를 믿는다면 그 어떤 역경도 견뎌낼 수 있다. 창업가에게 가장 중요한 자산은 아이디어도, 자본도 아닌 강한 멘탈이다. 오늘도 스스로를 격려하고, 내 안의 배터리를 충전하자.

그 작은 행동이야말로 당신을 끝까지 지켜내는 가장 확실한 방법이다.

네이버

최수연

기술보다 중요한 것은 '지속 가능한 철학'

네이버의 리더십을 맡고 있는 최수연 대표는 법조인 출신이다. 서울대학교 산업공학을 전공하고, 연세대학교 로스쿨과 하버드 로스쿨(LL.M.)을 거쳐 글로벌 로펌에서 변호사로 활동했다. 2022년, 네이버 역사상 첫 여성 CEO로 선임된 이후 그녀가 내세운 방향은 분명했다.

기술 그 자체보다 사람과 사회가 함께 성장할 수 있는 생태계를 만드는 것.

그녀는 2023년 주주 서한에서 이렇게 말했다.

"네이버의 강력한 플랫폼 경쟁력은 생성형 AI의 시대에 더욱 빛날 것입니다. 생성형 AI는 네이버의 핵심 역량을 확장하고 강화하는 중요한 기회로 작용할 것이라 확신합니다."

또한 2025년 APEC CEO 서밋 연설에서는 이렇게 밝혔다.

"네이버가 개발하고 있는 AI는 디지털 생태계를 더욱 정교하게 연결하고 이용자와 창작자, 판매자의 성장을 지원하는 역할을 하고 있습니다."

"AI는 모두에게 혜택이 되어야 합니다."

이 발언들은 그녀가 기술을 단순한 경쟁 수단이 아닌, 모두가 함께 성장할 수 있는 도구로 바라본다는 점을 잘 보여준다. 실제로 네이버는 AI 윤리 원칙을 제정하고, 'AI 윤리위원회'를 출범시켜 책임 있는 기술 활용을 추진했다. 또한 ESG 경영을 강화하고, 중소상공인(SME)과 창작자를 지원하는 프로젝트와 글로벌 진출 프로그램을 통해 지속 가능한 플랫폼 생태계를 만들고 있다. 최수연 대표의 리더십은 조용하지만 단단하다.

눈에 띄는 기술 경쟁보다, 그 기술이 사람과 사회에 어떤 가치를 남기는가에 집중한다. 그 결과 네이버는 기술 중심 기업에서 가치 중심 기업으로 진화하고 있다.

최수연 대표는 이렇게 말한다. "기술은 도구일 뿐, 철학이 방향을 정한다."

AI와 기술이 빠르게 발전하는 시대일수록, 대표는 "무엇을 만들 것인가"보다 "왜 만드는가"를 먼저 물어야 한다. 진정한 혁신은 기술이 아닌 가치에서 시작된다. 그리고 그 가치를 사회와 함께 나누는 것이 지속 가능한 기업이 지녀야 할 '창업의 기술'이다.

대표라면 반드시 알아야 할 창업의 기술

5장

이렇게

한 걸음씩, 진짜 대표가 되어갑니다

초보에서 성장하는 과정과 앞으로의 비전 정리

정부 지원 사업 말고,
이제는 진짜 돈을 벌어야 할 때

지원 사업의 달콤한 유혹과 그 이면

몇 년 전, 나의 창업 여정은 정부 지원 사업과 함께 시작되었다.

처음에는 이를 작은 성공처럼 여기기도 했고, 수많은 지원금과 정부의 혜택이 내 사업의 든든한 발판이 될 것이라고 믿었다. 지원 사업은 아이디어를 검증할 수 있는 비용, 공간, 그리고 여러 차례의 교육과 행사 참여 기회를 내게 안겨 주었다. 덕분에 절망적이었던 초기 창업의 벽을 하나씩 넘으며, 늘 긍정의 힘으로 버틸 수 있었다.

하지만 시간이 지날수록, 점차 명확한 사실을 깨달았다. 지원 사업은 분명 도움은 되지만, 동시에 나를 '진짜 사업가'로 만들어 주는 것은 아니었다. 오히려, 이 지원에 대한 기대와 의존감이 내 시야를 흐리게 하고 있다는 것을 느꼈다.

지원금을 받아서 무언가를 만들어내는 '과정'은 단기적으로는 희망적이고 설레었지만, 장기적으로 보면 진짜 돈을 벌기 위한 본질적인 과제와 멀어지는 것 같았다. 예를 들어, 공모전에 선정되어 받은 수천만 원의 예산을 사용하면서도 정작 내 제품은 고객에게 제대로 판매되지 않았다. 지원 사업이 요구하는 서류 작업, 행사 참여, 정산 보고에 몰두하다 보면 어느새 '내 사업을 키우는 일'보다 '지원 사업을 위한 일'에 더 많은 시간을 쏟고 있었다.

결국, 지원 사업만을 좇으며 보내는 하루하루가 쌓였다. 한 해가 지나면 지원금은 모두 사용했지만, 정작 내 수익은 늘지 않는 현실이 나를 괴롭혔다. 주변에서는 "지원금 받았으니 잘 되는 거 아니냐"라고 말했지만, 내 통장은 점점 텅 비어 갔다. 그때야 비로소 깨달았다. 지원 사업은 '사업을 위한 도구'일 수는 있어도, 내 생존을 책임져 주는 '사업 그 자체'는 아니라는 사실을.

더욱이 지원 사업에는 반드시 따라오는 제약이 있었다. 정해진 기간 안에 반드시 집행을 마쳐야 하고, 지출 가능한 항목은 엄격히 제한되어 있었다. 이를 조금만 어기면 환수 조치가 뒤따랐다. 어떤 날은 밤을 새워 증빙 자료를 모으고, 세금 계산서를 분류하면서 '이게 과연 내가 꿈꾸던 창업자의 모습인가?'라는 허탈함이 몰려왔다. 지원 사업은 내게 기회를 줬지만 동시에 내 발목을 붙잡는 족쇄이기도 했다.

'대표'라는 이름의 함정과 진짜 사업의 본질

지원 사업에 참여하면서 자연스레 따라오는 호칭이 있었다. 바로 '대표'. 법인을 설립하고 대표 이사가 되었고, 사람들은 나를 CEO라 불렀다. 처음에는 그 타이틀이 주는 뿌듯함에 심장이 뛰었다. 하지만 시간이 지날수록 그 호칭이 오히려 내 발목을 잡고 있다는 것을 느꼈다.

한국에서 '대표'라는 호칭은 때때로 너무 가볍게 쓰인다. 정부 지원 사업에 선정된 창업자들은 서류상으로는 모두 '대표'가 된다. 그러나 진짜 대표란 단순히 직함을 가진 사람이 아니다. 시장에서 고객에게 가치를 제공하고, 수익을 만들어내며, 위기에 직면했을 때도 끝까지 회사를 책임지는 사람이어야 한다.

내가 가장 뼈저리게 느낀 건 바로 이것이었다. 지원금을 받으며 '대표님'으로 불릴 때는 기분이 좋았다. 하지만 실제로는 단 한 명의 고객도 내 제품을 돈 주고 사지 않는다면, 진짜 대표가 아니라는 것이다. 오히려 지원금으로만 운영되는 사업은 '거품 같은 대표'를 양산할 뿐이다.

이 깨달음 이후 스스로에게 끊임없이 물었다. "내가 정말 고객에게 가치를 제공하고 있는가? 이 제품이 지원금 없이도 팔릴 수 있는가?" 이 질문에 명확히 답하지 못한다면, 그것은 사업이 아니라 단순한 과제 수행일 뿐이었다.

실제로 지원 사업 일정에 맞추기 위해 급히 프로모션을 준비하거나, 사용 기한에 맞춰 장비를 구입한 적이 있었다. 그 순간에는 '성과'처럼 보였지만, 시간이 지나자 남은 것은 빚처럼 무거운 감각뿐이었다. 고객의 선택이 아닌 정부의 평가에 맞춰 움직였기 때문이다.

이 경험은 나뿐만 아니라 많은 초기 창업자들이 겪는 공통된 함정이기도 하다. 서류와 평가 점수를 만족시키기 위한 제품은 화려해 보이지만, 막상 시장에 내놓으면 외면받는다. 왜냐하면 그 제품은 '고객을 위한 것'이 아니라 '심사위원을 위한 것'이었기 때문이다. 진짜 사업의 본질은 언제나 고객에게 있다. 내가 만든 가치가 고객의 지갑을 열게 만들지 못한다면, 아무리 화려한 직함과 지원금도 무의미하다.

지원을 넘어, 진짜 돈을 버는 길

수년 간 정부 지원 사업을 경험하며 그 이면에 자리한 함정을 곳곳에서 목격했다. 지원금을 사용하며 일시적으로 성과를 내는 듯 보였지만, 결국 시장에서 검증되지 않은 제품은 오래 버티지 못했다. 이 과정을 겪으며 이제는 확실히 알게 되었다. 진짜 돈을 벌기 위해서는 지원 사업이 아니라 내가 만들어내는 가치에 집중해야 한다는 사실을.

지원금은 분명 도구다. 그러나 그 도구를 어떻게 쓰느냐에 따라 결과는 달라진다. 지원금을 통해 퀄리티를 높이고 시장성을 검증하는 단계로 활용할 수 있다. 하지만 거기에서 멈춘다면, 사업은 결코 성장하지 못한다. 중요한 것은 언제나 '시장'이고, '고객'이다.

스스로에게 계속 묻는다.

'내 사업의 핵심 문제는 무엇인가? 고객이 어떤 불편을 겪고 있는데, 그것을 어떻게 해결할 것인가?'

이 질문에 답하는 과정에서 진짜 비전과 전략이 생겨난다. 그리고 이 과정을 충실히 수행하는 사람만이 결국 '진짜 돈'을 벌 수 있다.

여기서 실질적인 차이를 만들어내는 것은 '매출'이다. 지원금은 통장에 들어왔다가 사라지는 돈이지만, 매출은 고객이 스스로 지갑을 열어 지불한 금액이다. 매출은 곧 시장의 평가이며, 사업의 건강함을 증명하는 유일한 지표다. 내가 아무리 멋진 IR 자료를 만들고 수상 경력을 쌓아도, 결국 고객이 외면한다면 그 사업은 오래가지 못한다.

또 하나, 스스로를 '대표'보다 '계속 배우는 사람'으로 여기기로 했다. 성공했다고 자만하지 않고, 실패 앞에서는 더 겸허하게 배우며 성장한다. 지금까지 수십 번의 시험과 실패를 겪었지만, 그것이 나를 더 강하게 만들었다. 지원 사업은 도움을 줄 수 있다. 그러나 그것이 전부가 아니며, 그게 끝이 아니다.

진짜 돈을 벌고 싶다면, 주변의 일시적인 성공 유혹에 휩쓸리지 않고, 내 사업의 본질과 가치를 들여다봐야 한다. 몇 년 후, 내가 성공한 사업가로 다시 돌아봤을 때 가장 먼저 떠올릴 질문은 이것일 것이다.

'나는 지원금으로 버틴 대표였는가, 아니면 고객에게 선택받아 살아남은 진짜 사업가였는가?'

오늘도 다시 다짐한다. '지원 사업 말고, 진짜 사업을 하자.'

이 단순하지만 어려운 다짐이 결국 나를 시장에서 살아남게 하고, 진짜 돈을 벌게 해줄 것이다.

초보 대표에서 성장하는
사람들의 공통된 특징

신뢰를 쌓는 리더십과 소통의 힘

성공의 길은 누구에게나 어렵고 험난한 미로와 같다. 특히 처음 창업을 시작한 대표나 리더들은 방향을 잃기 쉽고, 어디로 가야 할지 막막한 순간들을 숱하게 맞닥뜨린다. 그때 가장 먼저 필요한 것은 '사람을 움직이는 힘', 즉 리더십과 커뮤니케이션 능력이다.

리더십은 단순히 권위적으로 지시하는 것이 아니다. 팀원들의 마음을 얻고, 함께 가야 할 목표를 명확히 제시하는 힘이다. 그리고 그 바탕에는 소통이 있다. 내 말이 상대의 마음에 닿을 때, 구성원들은 비로소 자신의 역량을 마음껏 발휘한다.

창업 초기, 나 역시 작은 팀과 함께 일하면서 이 점을 절실히 깨달았다. 단순히 업무를 분담하는 것이 아니라, 서로의 속마음을 듣고 신뢰를 쌓는 것이야말로 조직을 성장시키는 열쇠였다. 쿠팡 김범석 대표의 사례는 이를 잘 보여준다. 그는 초창기부터 강한 리더십과 솔직한 의사소통으로 팀을 단결시켰고, 결국 쿠팡을 국내 유통의 강자로 성장시켰다.

내 경험에서도 마찬가지였다. 내가 지친 날에는 "오늘은 좀 힘들다"라는 솔직한 말이, 또 다른 팀원에게는 '나도 대표와 같은 감정을 느끼고 있구나'라는 공감을 이끌어냈다. 그 순간은 단순히 일이 아니라 '함께 하는 사람'이 중요하다는 사실을 다시 확인하는 시간이었다. 결국 리더십과 커뮤니케이션은 성공을 향한 나침반이며, 실패를 최소화하는 가장 확실한 장치다.

그러나 이것은 하루아침에 완성되지 않는다. 누구든 처음에는 서툴다. 때로는 불필요한 말을 해서 관계를 악화시키기도 하고, 지나치게 단호한 태도로 팀을 위축시키기도 한다. 하지만 중요한 건 포기하지 않고 '말을 다듬어 가는 과정'이다. 상대의 눈빛과 표정, 작은 반응을 살피며 내가 하고 싶은 말이 아닌, 상대가 들어야 할 말을 전하는 것. 이 작은 변화가 팀 전체를 바꾼다. 리더는 결국 말을 잘하는 사람이 아니라, 상대의 마음을 읽고 함께 길을 찾는 사람이어야 한다.

여기에 소소한 실천을 보태면 효과가 커진다. 매일 10분 데일리 스탠드업으로 "어제 무엇을 했는가/오늘 무엇을 할 것인가/막힌 것은 무엇인가"를 돌려 말하게 하면, 말보다 신뢰가 먼저 선다. 중요한 결정은 원페이지 브리프로 요약해 공유하고, 1:1 면담에선 '관찰-느낌-요구-요청'의 흐름(NVC)을 따라 구체적으로 말한다. 마지막으로 경청 루프 '내가 이해한 건 ○○가 맞을까?'를 습관화하면, 오해가 줄고 속도가 빨라진다.

실패를 연료로 바꾸는 도전 정신

창업의 길은 결코 평탄하지 않다. 작은 아이디어를 시작으로 수많은 좌절과 실패가 기다리고 있다. 하지만 그 과정을 견디고 다시 일어서는 힘이 바로 도전 정신이다.

사업 초기에 몇 번의 실패를 겪으며 배웠다. 제품이 팔리지 않았을 때, 투자 유치가 무산되었을 때, 팀원이 이탈했을 때… 그 모든 순간은 '끝'처럼 보였다. 그러나 돌이켜보면, 그때 포기하지 않고 다시 시도했던 순간들이 결국 내 성장을 이끌었다.

배달의민족 김봉진 대표 역시 마찬가지다. 그는 시장에서 숱한 난관을 마주했지만, 매번 새로운 아이디어와 서비스를 만들어내며 끊임없이 도전했다. 그리고 그 도전은 그를 국내 대표 플랫폼 기업의 선두 주자로 만들었다.

내가 만난 많은 초보 대표들도 공통적으로 실패를 두려워했다. 그러나 결국 성장하는 사람은 실패 속에서 '배움'을 찾아낸 이들이었다. 단순히 '나는 안 되나 보다'로 끝내는 것이 아니라, '왜 안 되었는가?'를 집요하게 묻고 다음 시도를 준비하는 이들이 결국 더 멀리 나아갔다.

　실용적인 팁을 하나 전하자면, 실패를 기록해 두는 습관이 도움이 된다. 실패의 이유, 당시의 감정, 다시 시도할 때 보완해야 할 점을 적어 두면 그것이 훗날 가장 값진 교과서가 된다. 나 역시 작은 수첩 하나에 그 기록을 빼곡히 적어두었고, 시간이 지나 보니 그것이 내 사업의 길잡이가 되어 주었다.

　도전 정신은 단순히 무모한 도전이 아니다. 준비된 도전, 실패에서 배우는 도전, 다시 시도하는 도전이다. 이 과정을 반복하다 보면 사람은 단단해진다. 초보 대표라면 누구나 처음엔 불안하다. 그러나 매번 도전을 멈추지 않는다면, 실패와 좌절은 결국 성장의 밑거름이 된다. 결국 도전 정신은 우리를 시험하는 것이 아니라, 끝까지 포기하지 않는 사람을 증명하는 과정이다.

　여기에 작지만 강한 장치를 더한다. 시도 전에 가설-측정-학습을 적는 미니 실험 노트를 만들고, 실패 후엔 24시간 내 포스트모템을 열어 '사실(FACT)-해석(INSIGHT)-다음 행동(ACTION)'을 한 장으로 정리한다. 큰 결정을 앞두곤 10·10·10 질문 '10일/10개월/10년 후 어떻게 볼까'으로 과감함과 신중함의 균형을 맞춘다. 마지막으로 연간 계획에 실패 예산(학습을 위한 손실 허용치)을 미리 넣으면, 위축되지 않고 실험을 이어갈 수 있다.

미래를 내다보는 전략과 위기를 기회로 바꾸는 힘

성공하는 대표들의 또 다른 공통점은 전략적 사고와 위기 관리 능력이다. 단기적인 성과에만 매달리지 않고, 미래를 내다보는 통찰력을 가진 사람은 시장의 흐름 속에서 길을 잃지 않는다.

네이버 이해진 대표는 인터넷 초창기에 검색 시장의 가능성을 정확히 포착했고, 광고 플랫폼이라는 전략적 기둥을 세웠다. 이 장기적 비전은 네이버가 지금까지도 시장의 강자로 자리 잡게 한 근본적인 힘이었다.

나 역시 시장 변화에 촉각을 세우고, 단순히 1년 단위가 아니라 3년, 5년 후를 내다보는 습관을 들였다. 변화가 빠른 시대일수록, 내 전략이 방향을 잃지 않게끔 미래를 준비하는 것이 필요했다. 초보 대표라면 특히 단기적 성과에 급급하지 않고, 장기적 그림을 그리는 습관을 가져야 한다.

하지만 전략만으로는 부족하다. 현실 속에서는 예측하지 못한 위기가 반드시 찾아오기 때문이다. 자금 부족, 고객 불만, 예상치 못한 규제… 어느 하나도 가볍지 않다.

토스를 창업한 이승건 대표의 사례가 대표적이다. 그는 금융 규제와 고객 신뢰 문제라는 거대한 장벽 앞에서 좌절하지 않고, 빠른 판단과 고객 중심의 개선으로 위기를 기회로 바꾸었다. 그 끈질긴 문제 해결력이 결국 토스를 국민 앱으로 만들었다.

내 경험에서도 위기는 늘 찾아왔다. 세금 정산을 잘못해 큰 금액을 납부해야 했던 적도 있고, 제품 불량으로 고객 항의가 쏟아진 적도 있었다. 그러나 매번 배운 것은 같다. 위기는 끝이 아니라, 새로운 성장의 시작이라는 것. 문제를 정면으로 직시하고, 원인을 파악하며, 고객과 솔직히 소통할 때 위기는 기회로 바뀌었다.

실용적인 방법으로는 '위기 대응 매뉴얼'을 미리 만들어두는 것이 좋다. 문제가 발생했을 때 누구에게 연락해야 하는지, 우선순위를 어떻게 정해야 하는지를 미리 정해두면, 당황하지 않고 대응할 수 있다. 초보 대표라면 이런 준비가 특히 필요하다.

여기에 전략 실행을 붙잡아 줄 구조를 더하자. 분기마다 OKR로 목표와 핵심 결과를 정리하고, 월간 전략 리뷰에서 숫자·고객 피드백·시장 변수를 한 화면에 놓고 판단한다. 주요 리스크는 리스크 레지스터로 확률/영향/대응 계획을 업데이트하고, 사고 발생 시엔 60분 내 상황 브리핑-고객 공지-임시 조치-영구 해결책의 순서를 따르는 인시던트 SOP를 가동한다. 평시의 구조화가 위기의 혼란을 이긴다.

결국 성장하는 사람들의 공통된 특징은 단순히 위기를 피하는 것이 아니라, 위기 속에서 배우고 성장하는 자세다. 실패와 위기는 잠시일 뿐, 그것을 딛고 일어서며 더 강해지는 것. 그게 바로 성장의 본질이다. 그리고 이 과정을 반복한 사람만이, 언젠가 흔들림 없는 리더로 설 수 있다.

대표가 된다는 건,
내 사업 철학을 만드는 과정

나의 길과 철학의 시작

어릴 적부터 여러 가지 꿈을 꾸며 자랐다. 요리사가 되고 싶어서 요리사가 되었고, 말하는 것에 매력을 느껴 강사가 되었다. 그리고 지금은 글을 쓰고 싶어 작가의 길도 걷고 있다.

이렇게 다채로운 꿈과 경험을 쌓으며 깨달은 것은 결국 사람은 자기의 열정을 따르는 게 가장 현명하다는 것이다.

사람마다 막연하게 꿈꾸는 것들이 다르겠지만, 내가 느낀 바로는 결국 '하고 싶은 일'을 하는 것에 의미가 있음을 실감한다. 물론, 환경이나 조건, 능력 등에 의해 누구나 쉽게 하고 싶은 일을 선택하기 어려운 경우도 있다.

그럼에도 불구하고 내 마음속에 자리 잡은 정곡을 찌르는 생각은 '이 것이 나의 만족감'과 직결된다는 것이다. 이전까지만 해도 작은 횟집의 주방장이자 사장이었다. 그 시절에는 '사업 철학'이나 '브랜딩', '조직 문화' 같은 말들을 전혀 신경 쓰지 않았다. 단순히 맛있는 음식을 만들어 손님들이 만족하게 하고, 매출만 늘리면 된다는 생각뿐이었다.

그래서 내가 집중했던 것은 '어떻게 하면 더 많은 손님에게 맛을 알릴 수 있을까?' 하는 마케팅 중심의 사고였다. 그리고 결과는 나름 성공적이었다. 매출도 올리고 손님도 늘었지만, 그 과정에서 중요한 것을 간과하고 있었다는 것을 서서히 깨닫기 시작했다. 사업이란 결국 '나의 자아 실현의 공간'임을 알게 된 것이다.

브랜딩은 이미지다

우리 모두는 각자에겐 의미 있고 아름다운 가치를 품고 있으며, 그 가치를 실현하는 과정이 곧 삶의 만족도를 높여준다는 것이다. 내가 운영했던 횟집을 정리하고 새로운 길을 걷게 된 이유도 바로 그 때문이다.

지금은 법인 '㈜바이웨이스트'를 설립했고, 반려동물 용품 브랜드 'HAMOR(아모)'로 사람들의 삶에 긍정을 더하는 것에 집중하고 있다. 이전에는 제품을 잘 판매하는 것에만 몰두했다면, 이제는 그 브랜드가 어떤 이미지를 형성해 내느냐가 핵심이 되었다.

브랜드란 '이미지'다. 쉽게 말해 우리가 아이폰 또는 스마트한 휴대전화를 떠올리면 '애플'이라는 이름이 떠오르듯, 내가 만든 브랜드도 사람들의 머릿속에 자연스럽게 각인될 수 있어야 한다.

감각적이고 신뢰감 있으며, 독특한 '이미지'를 만들어가는 것 그것이 브랜드를 만드는 과정의 시작인 셈이다. 이 깨달음은 강연을 통해 얻은 아주 단순하면서도 강렬한 한마디로 정리된다.

강사님은 물었다. "여러분이 생각하는 브랜딩이 뭐라고 생각하나요?"

'브랜드를 만들어가는 과정'이라고 단순하게 대답했지만, 그 후 강사님은 짧게 이렇게 말했다. "브랜딩은 바로 이미지입니다". 이 말은 내 인생과 사업 철학에 큰 방향타 역할을 했다.

사람들은 브랜드라는 단어를 들으면 복잡한 마케팅 전략이나 글로벌 기업의 사례를 떠올리기 쉽지만, 사실 그 핵심은 '이미지'라는 단어에 있다. 이제 제품을 홍보하거나 브랜드를 알릴 때, 항상 '어떤 이미지를 보여줄까?'라는 질문을 스스로에게 던진다.

예들 들어, '마켓 컬리'는 신선한 식품, 새벽 배송이라는 이미지를 갖고 있다. 친환경 포장과 신속함, 신선함을 중시하는 메시지를 통해 고객에게 강렬한 인상을 준다.

또 '무신사'는 남성 의류에 대한 이미지를 확실히 잡았으며, 옷 고민하는 남성들이 한 번쯤은 들어 보고 믿을 수 있는 브랜드로 자리매김했다. 이처럼 성공의 밑바탕은 '명확한 이미지'에 있다고 해도 과언이 아니다.

나만의 색과 대표로서의 성장

내가 이 모든 것을 경험하며 깨달은 가장 큰 교훈은 '나만의 색'을 갖는 것이다. 초보 사업자가 '무조건 경쟁에서 이기려고', 또는 '남들이 하는 대로' 브랜드를 만들어서는 안 된다.

나만의 이야기를 담고, 나만의 이미지를 만들어 가야 한다. 그것이 바로 '나만의 사업 철학'을 구축하고, 성공으로 이끄는 길임을 확신한다.

그렇다면, '사업 철학'이란 무엇일까? 그것은 바로 '어떤 이미지를 가지고 있느냐', 즉 '내 브랜드의 정체성을 어떻게 보여줄 것인가'라는 질문에 대한 답이다.

내가 누구인지, 어떤 가치를 추구하는지, 그리고 고객과 어떤 감정을 나누고 싶은지에 대한 고민이 담긴 그림을 그려내는 것이다. 그리고 그 그림이 '우리 브랜드의 본질'이고 이를 일관성 있게 전달할 때 고객은 그것을 보고 신뢰하며, 다시 찾게 되는 것이다.

내가 사업을 시작한 초기에 가장 하찮게 여겼던 것들이 지금은 가장 중요한 것들이 되었다. 사람들은 종종, 제품의 품질이나 가격에만 집중하지만, 실제로는 그것과 함께 '느낌'이 더 큰 역할을 한다.

'이 브랜드와의 연결고리'는 결국 '이미지'를 통해 형성된다. 내가 좋아하는 사람, 느끼는 감정, 가치관 모두가 브랜드의 이미지로 녹아들어 우리 제품이나 서비스를 이용하는 고객의 마음속에 자연스럽게 자리 잡는다.

이 과정에서 내가 가장 힘을 쏟았던 것은, '나만의 색'을 찾는 일이었다. 내가 주장하는 제품의 차별점, 내가 전하고픈 이야기를 고민했고, 그것을 하나의 색깔로 녹여내기 위해 노력했다.

예를 들어, 'HAMOR(아모)'라는 브랜드는 반려동물과의 행복한 기억을 오래도록 간직하게 하는 것, 그 의미를 넘어서 사람들에게 '따뜻한 감성'을 전달하는 이미지로 자리 잡도록 했다. 그 결과, 고객들은 단순히 '반려동물 용품'이 아니라 그 브랜드와 연결된 '감정'을 구매하게 되었다.

이것이 바로 '나만의 사업 철학'을 만드는 핵심이다. 나만의 이야기를 만들고, 그것을 시각적 또는 감성적으로 형상화하는 것.

그렇게 해서 고객들이 내 브랜드를 보고 '아, 이게 바로 나의 가치와 맞는구나!'라고 느끼게 하는 것이 중요하다. 결국 이는 '당신이 누구인지', '당신이 전달하고 싶은 메시지'에 대해 정직하고 일관된 이미지를 형성하는 과정이다.

이 과정이 바로 '대표로서의 성장'이자 '내 사업 철학을 만들어가는 과정'인 것이다. 지금도 매일 새로운 고민을 한다.

'내 브랜드에는 어떤 이미지를 담아야 할까?', '고객이 나와 어떻게 연결될 수 있을까?', '나만의 색깔은 무엇인가?' 이 질문들을 던지며 나만의 사업 철학인 '이미지'를 가꾸고 있다. 이것이 바로 '능숙한 대표'와 '초보 대표'의 차이이며 결국 성공을 향한 핵심 열쇠라고 믿는다.

이 길은 쉽지 않은 길이지만 한 가지 확실한 것은 '내가 누구인지'와 '어떻게 보이고 싶은지'에 대해 끊임없이 고민하며 만들어가는 과정이 곧 '성공적인 사업'과 '진정한 자아 실현'의 길임을 잊지 말아야 한다는 점이다. 대표가 된다는 것은 결국 내가 누구인지와 어떻게 세상에 나를 보여줄 것인가의 조화를 이루는 것이며, 그것이 바로 '나만의 브랜드, 나만의 사업 철학'을 만들어가는 과정이자 진정한 성공의 길임을 깨닫고 있다.

운이 아니라 실력이다,
진짜 비즈니스 마인드 배우기

인생을 바꾼 '실력'의 의미

인생을 돌아보면 성공이라는 단어가 얼마나 주관적이며 동시에 복합적인 의미를 담고 있는지 실감하게 된다. 누군가는 운이 좋아서 성공했다고 말하고, 또 다른 누군가는 실력 덕분이라 말한다. 하지만 내가 오랜 시간 동안 직접 경험해 온 바는 다르다. 결국 핵심은 언제나 '실력'이었다.

사람들은 종종 "운이 좋아서"라는 말을 쉽게 꺼내지만, 운이 성공의 근본적인 이유가 되는 경우는 드물다. 오히려 운은 이미 쌓아둔 실력 위에 자연스럽게 얹혀 오는 보너스에 가깝다. 준비된 실력이 없다면, 그 어떤 기회도 내 앞에 다가왔을 때 잡을 수 없음을 수없이 경험했다.

어린 시절의 나는 활동적이고 체력이 좋은 아이였다. 남들보다 더 많이 뛰어다니고, 더 오래 달렸으며, 친구들과 놀면서도 늘 앞장서는 편이었다. 하지만 그것은 단순한 '재능'이 아니라 오랜 시간 반복된 연습과 훈련에서 비롯된 실력이었다. 매일같이 이어진 작은 노력이 쌓여 나를 강하게 만들었고, 이는 나중에 꿈을 좇는 과정에서 버티는 힘이 되었다.

당시의 꿈은 운동선수였다. 멋지고 강인한 몸으로 땀 흘리며 사는 삶을 동경했다. 새벽마다 달리고, 체육 시간에는 늘 앞줄에서 달리기를 했다. 체력을 기르기 위해 혼자서 끊임없이 연습했다. 그 과정에서 만들어진 습관과 근성은 단순히 운동에만 국한되지 않았다. 삶의 다른 무대에서도 흔들리지 않는 끈기를 심어주었다.

그러나 인생은 언제나 예측하지 못한 방향으로 흘러간다. 고등학교에 들어가면서 전혀 다른 길, 요리사의 꿈을 꾸게 되었다. 조리학과에 입학하며 새로운 세계에 몸을 던졌다. 하루 두세 시간밖에 자지 않고 공부와 실습에 매달렸던 시절, 체력과 인내심은 내 가장 강력한 무기였다. 결국 대학 진학까지 이어진 것은 '운'이 아니라 매일 쌓아온 '실력' 덕분이었다.

실패와 도전 속에서 배운 비즈니스 마인드

대학 시절 나는 요리를 배우는 동시에 작은 창업을 시작했다. 당시에는 아무것도 몰랐기에 수많은 실패와 좌절을 겪었지만, 바로 그 과정이 진정한 배움이었다. 하루 네 시간도 못 자면서 가게를 운영하고 공부를 병행했다. 그 고단한 과정에서 버틸 수 있었던 이유는 어릴 적부터 다져온 체력과 끈기, 그리고 매일 조금씩 갈고닦은 실력이었다.

창업의 세계에서 '운'은 잠시 스쳐 지나갈 뿐이다. 내가 직접 겪어본 바로는 사업에서 살아남는 사람은 결국 실력을 가진 이들이었다. 기회는 누구에게나 주어질 수 있지만, 준비되지 않은 자에게는 아무 의미 없는 파도에 불과하다. 준비된 실력이 있어야만 그 파도를 타고 더 멀리 나아갈 수 있다.

대학 졸업 이후 여러 번의 창업을 반복하며 사업가, 강사, 작가라는 세 가지 정체성을 갖게 되었다. 그 과정에서 깨달은 것은 '성공한 사람은 운이 좋은 것이 아니라, 평소에 실력을 쌓아두었기 때문에 운을 붙잡을 수 있었던 것'이라는 사실이다. 많은 사람들이 "나는 운이 없어서"라며 쉽게 포기한다. 하지만 오히려 이렇게 생각한다.

"운이 좋아 보이는 사람은 사실 평소에 남들보다 훨씬 더 많이 준비해왔기 때문에 기회가 찾아왔을 때 붙잡을 수 있었던 것이다."

실제로 지원 사업, 창업 대회, 그리고 강의 무대에서 기회가 주어질 때마다 스스로 준비해온 실력을 발휘하며 길을 넓혀 왔다. 운이 찾아온 순간은 분명 있었지만, 그 순간을 성공으로 연결한 것은 늘 나의 실력이었다.

비즈니스 마인드의 핵심은 바로 이 지점에 있다. 오늘의 노력이 내일의 성공으로 이어질 것이라는 믿음, 그리고 그 믿음을 실천으로 증명해

내는 준비된 태도다. 결국 중요한 것은 '언제든지 나를 증명할 수 있는 실력'을 갈고 닦는 것이다.

특히 사업 현장에서는 단순한 '노력'만으로는 부족하다. 계약서의 한 줄, 세금 신고의 작은 실수, 고객 응대의 사소한 말투가 전체 성패를 좌우하기도 한다. 이 모든 세부적인 과정을 챙길 수 있는 힘은 결국 실력에서 비롯된다. 단순히 열정만 앞세운 창업가는 쉽게 무너진다. 하지만 준비된 사람은 위기조차 배움의 기회로 삼아 더 큰 도약의 발판을 만든다.

실력은 운을 만든다

비즈니스 세계에서 실력은 단순히 기술적 능력이나 지식에 국한되지 않는다. 끊임없이 배우고 성장하려는 태도, 실패 속에서도 포기하지 않는 마음가짐, 자기 자신을 다잡는 습관이 모두 실력의 일부다.

창업을 하며 단골 의존, 자금 부족, 세금 실수 등 여러 가지 위기를 겪었다. 그러나 그 모든 순간에도 버티고 다시 일어설 수 있었던 것은 결국 '실력' 덕분이었다. 그것은 단순히 요리 실력이나 사업 기술이 아니라, 꾸준히 배우고 준비하는 나 자신에 대한 신뢰였다.

그동안의 경험이 내게 알려준 사실은 단순하다. 운은 준비된 사람에게만 찾아온다. 어떤 사람에게는 기회가 우연처럼 보이지만, 사실 그 이면에는 보이지 않는 수천 번의 연습과 반복이 존재한다. 그래서 지금도 하루

하루를 의미 있게 보내려 애쓴다. 책을 쓰고 강의를 준비하며, 사업을 운영하는 과정 속에서 늘 새로운 것을 배우고 시도한다.

나에게 있어 '운이 좋았다'는 말은 결국 '내가 성장해 왔기 때문에 기회를 잡을 수 있었다'라는 말과 같다. 성공은 운이 아니라 지속적인 실력 쌓기의 결과다. 세상은 변덕스럽고 우리의 인생도 언제나 예측 불가능하다. 그러나 우리가 할 수 있는 가장 확실한 대비는 바로 스스로의 실력을 끊임없이 키우는 일이다.

언젠가 그 실력이 빛을 발하며, 예상치 못한 기회가 눈앞에 찾아올 것이다. 그 기회는 준비된 사람에게만 허락된 선물이다. 그 순간이 왔을 때, 당신의 인생은 또 다른 전환점을 맞이하게 될 것이다. 그러니 오늘도 멈추지 말고, 작지만 꾸준한 노력을 이어가자.

지금도 여전히 성장하고 있다. 대표로서, 강사로서, 작가로서 매일 배우고 도전한다. 그리고 웃으며 확신한다. 성공은 운이 아니라, 실력이다. 준비된 자만이 기회를 붙잡고, 그 기회를 성공으로 바꿔낼 수 있다.

그리고 이것은 단지 나 혼자만의 이야기가 아니다. 오늘도 수많은 사람들이 각자의 자리에서 묵묵히 실력을 쌓고 있다. 그들은 언젠가 찾아올 기회를 기다리는 것이 아니라, 스스로 기회를 만들며 하루를 채워간다. 당신 역시 지금의 노력이 미래의 자산이 될 것임을 믿어야 한다. 작은 성실이 모여 거대한 힘을 만들어내듯, 오늘 쌓은 실력은 내일의 놀라운 변화를 가져올 것이다. 그러니 두려워하지 말고, 자신만의 속도로 한 걸음씩 걸어가라. 결국 성공은 운이 아니라, 꾸준히 준비한 당신의 실력이라는 사실이 반드시 증명될 것이다.

1년 전의 나에게 해주고 싶은 창업 조언 3가지

사람을 먼저 보라, 관계가 곧 사업이다

삶이라는 긴 여정 속에서 우리는 수많은 선택 앞에 서게 된다. 때로는 안정된 길을 택하기도 하고, 때로는 불확실한 미래를 무릅쓰고 도전하기도 한다. 나 역시 창업이라는 낯선 길 위에서 헤매며, 선택의 무게를 온몸으로 버텨야 했던 시간이 있었다. 특히 1년 전은 내 인생에서 가장 특별하면서도 혼란스러운 시기였다.

그때의 나는 많은 것을 몰랐지만, 동시에 '뭔가 할 수 있다'는 막연한 자신감에 이끌려 있었다. 그러나 시간이 흐른 지금, 그 시절의 나에게 꼭 전하고 싶은 말이 있다. "사람을 먼저 보라. 관계가 곧 사업이다."

그 무렵 해외의 한 유명 대표님을 만날 기회를 얻었다. 처음에는 설렘과 기대감으로 가득 차 있었다. '이 만남을 통해 내 사업이 글로벌 무대에 오를 수도 있겠다'는 생각이 머릿속을 떠나지 않았다. 그러나 현실은 기대와 달랐다. 치열한 협상과 까다로운 요구, 그리고 예상치 못한 오해와 갈등이 이어졌다. 결국 결과는 실패였다. 큰 성과는커녕, 오히려 내 마음과 체력만 소모되는 경험이었다.

하지만 이 경험이 내게 던져준 가장 큰 교훈은 사람의 인품이 사업의 성패를 가른다는 것이었다. 아무리 멋진 아이디어와 치밀한 전략이 있어도, 함께하는 사람의 성품이 신뢰할 수 없다면 그 모든 것은 한순간에 무너진다. 반대로 조금 부족한 아이템이라도 진심 어린 파트너와 함께라면 놀라운 결과를 만들어낼 수 있다.

그래서 지금 나는 어떤 협업을 앞두고 가장 먼저 던지는 질문이 있다. "이 사람이 정말 믿을 만한 사람인가? 내가 힘든 순간에도 내 옆에 서 줄 사람인가?"라는 질문이다. 그 기준은 돈도, 경력도, 화려한 이력도 아니다. 결국은 인품이다. 1년 전의 내가 이 사실을 더 일찍 알았다면, 훨씬 덜 상처받고, 덜 지치며 앞으로 나아갈 수 있었을 것이다.

사업은 결국 사람이 하는 일이다. 내가 만난 그 대표님은 결과적으로 실패의 기억으로 남았지만, 동시에 내게 평생 잊을 수 없는 깨달음을 선물해 준 선생님이었다. 그래서 지금도 스스로에게 되묻는다. '내가 함께 하는 사람들의 인품을 진짜로 보고 있는가?'

말보다 실행, 자랑보다 꾸준함

두 번째로, 1년 전의 나에게 이렇게 조언하고 싶다. '말을 아끼고, 실행으로 보여라.'

그 시절의 나는 새로운 아이디어가 떠오를 때마다 흥분했고, 그것을 주변 사람들에게 말하고 싶어 견딜 수 없었다. "곧 이런 걸 해낼 거야", "이 아이템은 분명 잘 될 거야" 같은 말을 자주 꺼냈다. 스스로는 동기부여라 생각했지만, 지금 돌이켜보면 그것은 일종의 자기과시였다.

이 경험을 '돌 던지기'에 비유한다. 돌을 멀리 던지면, 언젠가는 반드시 그 돌을 다시 주워와야 한다. 멀리 던질수록 다시 가져오는 일은 더 고되고 힘들다. 자랑도 마찬가지다. 큰소리로 내뱉은 말은 곧 내 책임이 되고, 실행이 뒷받침되지 못하면 그 말은 나를 얽매는 족쇄가 된다.

창업자에게 있어 말은 곧 약속이다. 내가 무심코 던진 말은 누군가의 기대가 되고, 그 기대는 때로 나를 불필요하게 압박한다. 그 압박 속에서 종종 무너졌고, 오히려 스스로를 더 작게 느끼게 되었다.

그러나 시간이 흐르면서 배웠다. 자랑은 오래가지 않지만, 작은 실행은 오래 남는다는 것을. 조용히 해낸 작은 성과가 결국 나를 증명해 주고, 그것이 신뢰와 브랜드를 만든다는 사실을 말이다.

그래서 지금의 나는 차라리 말보다 실행을 택한다. 하루에 단 한 걸음이라도 앞으로 내디디는 것을 소중히 여긴다. 고객과의 약속을 지키는 것, 매일 매출을 조금이라도 기록하는 것, 작은 실패라도 끝까지 시도해 보는 것. 이런 작은 움직임들이 쌓여 나를 지탱해 왔다. 1년 전의 내가 이 사실을 알았다면, 아마도 불필요한 후회와 압박에서 더 자유로웠을 것이다.

자존감은 나의 마지막 무기다

세 번째로, 내게 이렇게 말하고 싶다. '무엇이 있어도 자존감을 지켜라. 그것이 너의 마지막 무기다.'

창업 과정은 늘 외롭다. 주변의 조언과 충고는 분명 필요하다. 그러나 때로는 그 말들이 내 마음을 흔들고 자존감을 무너뜨리는 독이 되기도 한다. "너 같은 사람이 무슨 사업을 해?"라는 말, "그 아이템은 절대 성공 못 해"라는 말은 나를 한없이 작게 만들었다. 심지어 어떤 날은 내가 지금 하는 모든 일이 무의미하게 느껴지기도 했다.

하지만 결국 깨달았다. 인생의 주인공은 오직 나 자신이라는 것을. 남들이 뭐라 하든, 결국 내 선택을 책임지는 건 나다. 그리고 그 선택을 끝까지 끌고 갈 힘은 오직 자존감에서 나온다.

자존감이 무너지면 아무리 뛰어난 전략도 의미가 없다. 반대로 자존감을 지키는 사람은 실패 속에서도 다시 일어선다. 그 사실을 수없이 경험했다. 실패할 때마다 내 안의 작은 목소리가 말했다. '괜찮아, 너는 다시 해낼 수 있어'. 그 목소리를 키워주는 힘이 바로 자존감이었다.

지금도 종종 두려움에 휩싸인다. 하지만 이제는 안다. 두려움을 이기는 방법은 거창한 성공이 아니라, 작은 자존감 하나를 지키는 일이라는 것을. 하루를 끝내며 스스로에게 '오늘도 최선을 다했다'고 말해 주는 것, 실패했어도 '그래도 시도했다'고 스스로를 다독이는 것. 이것이 내가 내 자존감을 지키는 방식이다.

1년 전의 나에게 이렇게 조언하고 싶다.
'사람을 먼저 보라. 인품이 모든 것의 기준이다.'
'말을 아끼고 실행으로 보여라. 자랑은 오래가지 않는다.'
'무엇보다 자존감을 지켜라. 그것이 너의 마지막 무기다.'

이 세 가지 조언은 지금의 나를 만들었고, 앞으로도 나를 지탱할 것이다. 창업의 길은 언제나 불확실하고, 실패는 피할 수 없다. 그러나 중요한 것은 그 속에서 내가 어떤 사람으로 성장하는가이다. 결국 삶은 선택의 연속이고, 그 선택에 얼마나 진심을 담느냐가 인생을 바꾼다.

오늘도 스스로에게 묻는다. '내 선택에 진심인가?' 그 질문에 '그렇다'라고 답할 수 있다면, 이미 충분히 성장한 것이다. 그리고 내일의 나는 오늘보다 더 단단해져 있을 것이다.

삶은 언제나 미지의 영역이지만, 그 안에서 나만의 길을 찾아가는 것. 그것이 진정한 성공의 비밀임을 이제야 비로소 알게 되었다.

그리고 1년 전의 나에게 마지막으로 이렇게 말해 주고 싶다. '더 천천히 걸어도 괜찮다. 남들과 비교하지 말고, 네가 원하는 속도로 나아가라.' 사업은 빠르게 달린다고 반드시 성공하는 것이 아니며, 때로는 멈추어서서 스스로를 돌아보는 시간이 더 큰 도약을 준비하게 한다. 사람들은 흔히 '속도'만을 성공의 잣대로 삼지만, 진짜 중요한 것은 '방향'이다. 나침반이 틀어져 있다면 아무리 빨리 달려도 결국 원하지 않는 곳에 도착하게 된다.

그러니 1년 전의 나야, 그리고 지금 이 글을 읽는 당신이여. 서두르지 말고, 자신의 걸음을 믿어라. 올바른 사람들과 함께하고, 말보다 실행을 선택하며, 자존감을 지켜낸다면 결국 그 길은 너를 원하는 곳으로 데려다 줄 것이다. 삶은 그렇게 한 걸음 한 걸음, 믿음을 쌓아가는 과정이니까.

지원금으로 시작했지만, 이제는 투자와 확장을 고민한다

지원금은 '첫 걸음'일 뿐, 성공의 전부가 아니다

처음으로 사업을 시작했을 때의 설렘과 떨림은 누구에게나 찾아온다. 그 두려움을 넘기 위해 정부 지원 사업이라는 든든한 울타리 속에서 첫 발을 내디뎠다. 주변의 성공 사례를 보며 '나도 해볼 수 있겠다'는 용기를 얻었고, 선정 소식이 왔을 때는 마치 통과 의례를 넘은 듯 어깨가 가벼워졌다. 하지만 곧 알게 됐다. 지원금은 그저 '문을 여는 열쇠'일 뿐, 문 너머의 방을 채우는 것은 여전히 나의 몫이라는 것을.

지원 사업의 장점은 분명하다. 초기 리스크를 낮추고, 실험할 시간을 벌어 준다. 다만 그 시간은 숙제를 위한 시간이지 휴식이 아니다. 이 돈을 학습비라고 생각하기로 했다. 자금을 집행하면서 제품의 진짜 문제를 발견했고, 고객이 "왜 지금 이걸 사야 하는가"라는 질문 앞에서 말문이 막힐 때마다 전략을 다시 세웠다. 한 차례는 지원금으로 만든 시제품을 들고 나갔지만, 가격 대비 효용이 약했고 메시지도 흐렸다. 그날의 차가운 피드백은 잊히지 않는다. "정부가 도와줬다"는 사실은 고객의 심장을 움직이지 못한다. 오직 문제 해결과 신뢰가 지갑을 연다.

그래서 지원금 집행 원칙을 세웠다. (1) 제품-시장 적합도 검증을 최우선으로, (2) 마케팅은 '체험-반복-추천' 흐름을 만드는 데 집중, (3) 운영 자산(금형·원부자재·공정 개선)은 향후 비용 구조를 낮추는 투자로만, (4) 모든 지출은 실험 가설과 연결해 주간 리포트로 기록. 덕분에 '돈을 어디에 썼는가?"에서 '무엇을 배웠는가?'로 질문이 바뀌었다. 지원 사업은 성과를 강요하기보다 학습을 가속한다. 배운 것을 다음 라운드에 연결하지 못하면, 지원금은 단지 '정산과 보고'로 끝난다.

문서와 증빙, 전용 계좌 관리 같은 행정도 나를 단단하게 만들었다. 영수증 하나를 붙이며 '이 지출이 다음 매출에 어떤 길을 내는가'를 계속 묻다 보니, 자연스럽게 숫자 감각이 생겼다. 그리고 깨달았다. 지원 사업은 도구이고, 주인공은 비전과 실행력이라는 사실을. 이때부터 '지원금이 있으니 해본다'가 아니라 '지금 해야 할 일을 지원금으로 빨리한다'로 문장을 바꿔 읽기 시작했다.

투자와 피벗, 사업가에게 필요한 냉정한 선택

1년 전 마지막 지원 사업을 수행하며 명확한 그림을 얻었다. 이제는 투자 유치를 통해 더 큰 실험을 설계해야 한다는 것. 투자 미팅은 마치 언어를 바꾸는 경험이었다. 지원 사업에서는 '의미 있는 시도'가 통했지만, 투자 시장에서는 수치와 논리만이 통역이었다. "3년 뒤 손익분기점은?", "CAC와 LTV의 가정은 무엇인가요?", "전환 퍼널 어디서 가장 많이 이탈합니까?" 이 질문들 앞에서 뜨거웠던 마음 대신 차가운 계산기를 꺼내 들었다.

피치덱을 다시 짜며 스스로에게 8장의 질문을 던졌다. 문제-해결-시장-제품-사업 모델-실적/지표-팀-자금 사용. 한 장을 넘길 때마다 '내가 아니라 데이터가 말하게 하자'고 다짐했다. 예를 들어, 채널별 CAC는 숫자로, AOV(평균 주문 금액)과 매출 총이익률은 월별 추세로, 리텐션은 코호트 그래프로 설명했다. '잘할 수 있다'는 약속보다 '이미 이렇게 하고 있다'는 증거를 앞세우니, 대화는 훨씬 간결해졌다. 투자는 스토리가 아니라 증거의 축적임을 배웠다.

이 과정에서 피벗은 더 이상 두려움의 단어가 아니었다. 목소리 관련 아이디어, 활어회와 케이터링을 지나 지금의 업사이클링 반려동물 장난감으로 오기까지, 여섯 번의 방향 전환을 겪었다. 매번 손실과 후회가 따랐지만, 그때마다 시장의 신호는 분명했다. '여긴 길이 아니다.' 피벗은 패배가 아니라 생존을 위한 방향 수정이다. 집착은 브랜드를 망치고, 유연함은 브랜드를 확장한다.

실용적으로, 다음의 체크리스트를 만들었다.

- 투자 준비: 데이터룸(법인·재무·계약·IP), 채널별 CAC·전환·리텐션, 단가표/원가 구조, 재고 회전/리드타임, 12개월 현금 흐름·버너레이트·런웨이.

- 피벗 판단: 4주 연속 핵심 지표 정체, 고객 인터뷰 20건 이상 동일 불만, 경쟁사의 가격/리드타임 우위 지속, 단위 경제성 적자 개선 계획 부재.

- 피벗 실행: 핵심 기능만 남기고 나머지는 '보류', 원가 낮추는 공정부터 손보기, 메시지 재정의(누구의 어떤 문제를 언제 해결하는가).

지속 가능성과 단계적 확장, 진짜 성장을 위한 조건

한 방의 '대박' 대신 반복 가능한 구조를 택했다. 사업은 디자인이 아니라 리듬이다. 주간 리뷰에서 '북극성 지표'를 한 줄로 적는다. '첫 구매 대비 90일 재구매율 25%.' 이 한 줄이 제품, 마케팅, 고객 경험, 운영을 한 방향으로 묶는다. 다음 주의 계획도 그 단 한 줄에서 파생된다. 전략은 선택이고, 선택은 포기다. 포기하지 못하면 확장할 수 없다.

확장은 속도가 아니라 순서의 문제다. '도시-채널-SKU' 순으로 확장을 설계했다. 한 도시에서 파트너십 물류를 안정화하고, 한 채널(자사몰/마켓/리테일)에서 전환과 재고 회전을 맞춘 뒤, 그다음 SKU를 추가한다. 'MOQ, 리드타임, 재고 회전일, 결제 조건(DSO/DPO)'를 숫자로 관리하면 현금 흐름이 버틴다. 무리하게 품목을 늘리면 예쁘게 쌓인 박스가 현금 구덩이가 된다.

팀이 생기자 더 분명해진 것도 있다. 일을 굴리는 시스템. 매주 WBR(Weekly Business Review)에서 '이번 주 실험 가설–결과–다음 행동'을 10분 안에 공유한다. 실수는 숨기지 않고 포스트모템으로 기록한다. '누가'가 아니라 '무엇'이 잘못되었는지 적는다. 한 줄 요약, 재발 방지 액션, 마감일, 담당자. 이 단순함이 회사를 앞으로 끌고 간다.

그리고 멘탈. 창업은 숫자의 게임이지만, 의지의 스포츠이기도 하다. 나는 하루의 시작을 5문장으로 연다.

'오늘 배울 것 한 가지.'
'어제보다 나아진 증거 한 줄.'
'고객에게 줄 작은 선물 하나.'
'멈춰야 할 습관 하나.'
'감사할 일 하나.'

이 루틴은 내 안의 불안을 다루는 최소한의 의식이다. 스스로에게 건네는 말이 곧 팀의 분위기가 되고, 브랜드의 목소리가 된다. 말은 씨앗이고, 매일의 언어가 결국 매출표에서 싹튼다.

이제 지원금의 울타리를 넘어, 투자와 확장이라는 넓은 들판을 바라본다. 목표는 화려한 기사 한 꼭지가 아니라, 현금흐름이 스스로 회전하는 회사다. 내일 더 멀리 가기 위해 오늘 할 일은 분명하다. 문제를 숫자로 정의하고, 작은 실험을 설계하고, 배운 것을 구조에 새기는 일. 그 반복이 회사를 한 단계씩 끌어올린다.

이제 알고 있다. 사업은 정답을 맞히는 시험이 아니라, 가설을 검증하는 여정이라는 것을. 지원금은 그 여정의 첫 표였다. 투자는 다음 여정의 연장선이다. 그리고 확장은 우리가 정말로 그 표를 활용할 줄 아는 사람인지 증명하는 과정이다. 오늘도 묻는다. '다음 주의 한 줄 목표는 무엇인가?' 그 질문이 멈추지 않는 한, 우리의 성장은 멈추지 않는다.

초보 창업가에서,
누군가의 롤모델이 되기까지

두려움 속에서 시작된 첫걸음

"여러분은 롤모델이 있으신가요?"

이 질문은 언제나 내 머릿속에 메아리처럼 울려 퍼진다. 지금 프리랜서 강사로서 중학생과 고등학생들에게 진로 교육을 하고 있지만, 불과 2년 전까지만 해도 창업의 무대에서 두려움과 설렘을 동시에 안고 있던 초보 창업가였다. 매일이 불확실했고, 내 안의 열망과 두려움은 마치 줄다리기를 하듯 나를 흔들었다.

처음 강단에 서서 진로 교육을 진행할 때 한 학생이 건넨 한마디가 내 삶을 크게 바꾸었다. "선생님처럼 되고 싶어요. 선생님이 제 롤모델이세요." 그 말은 단순한 칭찬을 넘어 내 가슴을 뜨겁게 울렸다. 그날 이후 나는 '나도 누군가의 롤모델이 될 수 있다'는 사실을 진지하게 받아들이게 되었고, 그 인식이 나를 다시 일으켜 세우는 원동력이 되었다.

창업 초기의 나는 두려움으로 가득했지만, 동시에 작게나마 성공을 꿈꾸는 열망으로 살아갔다. 가끔은 내가 제대로 가고 있는지 의문이 들었고, 매출이 오르지 않거나 예상치 못한 문제로 좌절할 때도 많았다. 하지만 '내가 누군가의 롤모델이 될 수 있다'는 생각은 내 행동 하나하나를 다르게 만들었다. 단순히 '살아남아야 한다'는 압박이 아니라, '더 나은 모습을 보여주어야 한다'는 책임감이 생겼다. 그 책임감은 내 삶을 견인하는 또 다른 힘이었다.

내가 걸어온 길을 돌이켜보면 실수와 실패가 많았다. 어설픈 판단으로 일을 그르치기도 했고, 경험 부족으로 시행착오를 겪으며 자존감이 무너질 때도 있었다. 하지만 누군가가 나를 바라보며 닮고 싶다고 말해 주었을 때, 깨달았다. '내가 겪은 시행착오와 부끄러운 과거조차도 누군가에게는 희망의 재료가 될 수 있구나.' 그 순간, 더 이상 과거의 미숙함을 부정하지 않게 되었다. 오히려 그것이 나를 성장시킨 과정임을 인정하게 되었고, 그 과정 속에서 내가 존재한다는 사실만으로도 충분히 값진 의미가 있음을 알게 되었다.

롤모델이 가진 힘, 그리고 배움의 연속

세상은 끊임없는 배움의 연속이다. 스티브 잡스에게도 롤모델이 있었다는 사실은 많은 이들에게 놀라움을 준다. 그의 롤모델은 바로 아인슈타인이었다. 더 흥미로운 건, 잡스를 롤모델로 삼은 사람이 또 있었다는 것이다. 바로 마크 저커버그다. 결국, '롤모델을 가진 사람을 다시 롤모델로 삼는 것'이 가능하다는 사실은, 배움과 영감이 세대를 넘어 이어진다는 것을 보여준다.

나 역시 마찬가지다. 내 인생에서 가장 큰 롤모델은 아버지다. 그는 삶의 풍파 속에서도 굳건히 다시 일어선 사람이다. 믿었던 사람에게 배신을 당하고 사업이 무너져 집안이 휘청일 때조차 그는 좌절하지 않았다. 다시 도전하는 힘, 다시 일어나는 의지는 그가 가진 가장 큰 재능이었다. 그를 통해 '노력은 곧 재능'이라는 진리를 배웠다. 뛰어난 머리나 특별한 기술만이 재능이 아니다. 쓰러져도 다시 일어나 걸어가는 힘, 포기하지 않고 도전하는 힘이야말로 가장 값진 재능임을 알게 되었다.

이 깨달음은 나를 바꾸어 놓았다. 완벽한 사람이 아니고, 대단한 성공을 이룬 인물도 아니다. 하지만 '나도 누군가에게 영감을 주는 존재가 될 수 있다'는 사실이 나를 앞으로 나아가게 한다. 그 말은 곧, 롤모델이란 화려한 성공으로만 되는 것이 아니라, 자기 자리에서 최선을 다하고 있는 사람에게도 충분히 붙을 수 있는 이름이라는 뜻이다.

창업가로서 살아가며 얻은 깨달음은 또 있다. '롤모델이 된다'는 건 단순히 누군가가 나를 따라 하는 것이 아니라, 내가 가진 태도와 선택이 누군가에게 자극이 된다는 것이다. 그렇기에 매 순간의 선택이 더 무겁게 느껴지기도 했다. 피곤해서 대충 넘어가고 싶은 순간에도, 누군가의 눈길이 내 발걸음을 따라올 수 있다는 생각은 나를 다시 진지하게 만든다. 책임감은 때로는 부담스럽지만, 동시에 가장 강력한 성장의 동력이 된다.

실제로 강의를 준비할 때도 예전보다 더 세심하게 자료를 고르고, 말 한마디에도 무게를 두게 되었다. 학생들에게 들려주는 작은 사례 하나가 그들의 선택을 좌우할 수 있다는 사실을 알기에, 더 많은 경험을 하고 더 깊이 고민하려 한다. 나의 시간과 노력이 단순히 나를 위한 것이 아니라, 누군가의 내일을 밝히는 등불이 될 수 있다면 그것만으로도 충분히 값지기 때문이다.

내가 경험한 실패와 좌절은 때로는 창피한 기억일 수도 있다. 그러나 시간이 지나 그것이 나의 강의와 경험담 속에서 살아나 학생들에게 전달될 때, 그것들은 더 이상 부끄러운 흔적이 아니라 희망의 씨앗이 된다. 나는 그 씨앗을 심는 사람이 되었고, 언젠가 그들이 자신만의 길에서 싹을 틔우고 꽃을 피우길 바란다.

오늘의 발자국이 누군가의 길이 된다

나는 종종 스스로에게 이렇게 말한다. "과거는 이미 지나갔고, 내가 할 수 있는 건 지금 이 순간에 집중하는 것이다." 지나간 실수나 실패는 나를 괴롭히는 짐이 아니라 배움의 재료일 뿐이다. 중요한 건 지금 내 발걸음을 어떻게 내딛는가이다.

삶의 길 위에 찍히는 작은 발자국 하나하나가 쌓여 결국 큰 길을 만든다. 내가 걷는 길은 어쩌면 평범하고 때로는 힘겨울지라도, 그 길을 바라보는 누군가에겐 길잡이가 될 수 있다. 그래서 더 이상 뒤를 돌아보며

"내 과거는 부족했어"라고 자책하지 않는다. 대신 앞으로 나아가며 "내가 지금 최선을 다해 달리고 있으니, 언젠가 누군가의 롤모델이 될 그날이 올 것이다"라고 믿는다.

최근 들어 "선생님이 제 롤모델이에요"라는 말을 자주 듣게 되면서, 나는 내 과거에 대한 부정적 감정에서 점점 해방되었다. 그것은 단순한 칭찬을 넘어 내가 잘 해오고 있다는 증거였다. 그래서 더 담대하게 속삭인다. '나는 충분히 잘 해왔고, 앞으로도 더 잘할 수 있다.'

삶은 결국 마음가짐의 싸움이다. 부정적인 생각은 나를 쓰러뜨리지만, 긍정적인 자기 확신은 다시 일어서게 만든다. 그래서 오늘도 이렇게 다짐한다. "포기하지 말고 지금 하는 일에 최선을 다하라." 나를 롤모델로 삼고 싶다는 학생들의 말은 단순히 내게 영광일 뿐 아니라, 다시 일어나게 하는 원동력이다.

앞으로도 배움과 도전의 길을 계속 걸을 것이다. 창업가로서 새로운 시도를 멈추지 않고, 강사로서 더 많은 학생들에게 도전의 가치를 전하며, 한 인간으로서 더 단단히 성장해 나갈 것이다. 언젠가 누군가가 내 이름을 떠올리며 이렇게 말해 주길 바란다. "내가 저 사람처럼 될 수 있었던 이유는, 그가 걸어간 길을 보았기 때문이다." 그 말을 들을 수 있는 날까지 오늘도 또 한 걸음을 내디딘다.

그리고 그 길 위에서 알게 되었다. 결국 롤모델이 된다는 것은 완벽함이 아니라, 불완전한 모습을 안고도 앞으로 나아가는 용기라는 것을. 그렇기에 내 발자국 하나하나를 소중히 여기며, 언젠가 그것들이 누군가의 희망이 될 수 있음을 믿는다.

끝이 아니라 시작이다,
대표로 살아갈 나의 다음 목표

끝은 새로운 시작을 부른다

한 가지 경험을 글로 담고 그 의미를 되새기기란 결코 쉬운 일이 아니다. 사람은 순간순간 직접 겪으며 깨닫기에, 같은 실수를 반복하거나 지나쳤던 순간을 다시 언어로 표현하는 일은 어렵다. 나 역시 그런 한계를 여러 번 느꼈다. 그러나 그럼에도 불구하고, 글이나 영상, 사진을 통해 삶의 지혜와 배움을 나눌 수 있다는 사실은 언제나 큰 힘이 된다.

특히 창업이나 새로운 도전을 앞둔 이들에게는 '마음가짐'이야말로 가장 근본적이고 중요한 덕목임을 다시 깨닫게 된다. 인생의 시작은 언제나 두려움과 설렘이 공존하는 순간이다. '시작이 반이다'라는 말을 수없이 들어왔지만, 예전에는 그 의미가 피부에 와닿지 않았다. 그러나 지금은 안다. 시작이 반인 이유는 가장 어려운 첫걸음을 내디디는 순간, 이미 절반을 이뤘기 때문이다.

내 인생은 늘 시작과 끝을 통해 성장해 왔다. 운동선수의 꿈을 꾸며 체력을 단련했던 시절은 요리사로 가는 문을 열어 주었다. 그 길은 다시 창업으로 이어졌고, 제조업의 세계로 이끌었다. 작은 성공과 실패를 반복하며 대표라는 이름을 얻게 되었고, 수많은 지원 사업에 도전하며 사업의 본질을 배웠다. 강연자로 무대에 오르며 100회가 넘는 경험을 쌓았고, 글을 쓰며 작가의 길도 걷게 되었다.

이 여정 속에서 깨달은 것은 명확하다. 끝은 언제나 끝이 아니라, 또 다른 시작의 초대장이라는 것이다. 오히려 끝이라고 여겼던 순간들이 내겐 더 큰 도약의 발판이 되었다. 실패 후에 찾아온 작은 기회, 좌절 끝에 만난 뜻밖의 인연이 내 삶을 다시 열어 주었다.

만약 과거의 나에게 조언할 수 있다면 이렇게 말하고 싶다.

"지금 너의 선택이 마지막 기회는 아니야. 실패는 배움의 과정이고, 끝은 언제나 다음의 시작을 품고 있어."

이 단순한 깨달음이 내게는 큰 위안이자 앞으로 나아갈 힘이었다. 오늘이 끝이라 믿었던 순간도 사실은 내일의 문이었다. 그리고 그 문은 언제나 두려움이 아닌 희망이라는 이름으로 나를 맞이했다.

대표로 산다는 것의 무게와 보람

지금 '초보 대표'의 자리를 벗어나, 조금씩 '진짜 대표'로 성장하는 길을 걷고 있다. 사람들이 흔히 말하는 두 가지 큰 선택지, 취업과 창업은 다른 길 같지만 결국 본질적으로는 같다. 책임과 용기를 지닌 채, 새로운 무대를 향해 발걸음을 내딛는 선택이기 때문이다.

창업을 꿈꾸는 이들에게는 올바른 마인드셋과 태도를 심어 주는 일을, 안정적인 직장을 희망하는 이들에게는 자기소개서와 면접 전략을 나누는 일을 내 목표로 삼았다. 아직 그것이 얼마나 구체적인 성과로 이어질지는 알 수 없지만, 믿는다. 한 걸음씩 길을 만들어 나가는 것이야말로 대표로 살아가는 방식이라는 것을.

대표로 산다는 것은 단순히 돈을 벌고 회사를 운영하는 일이 아니다. 사람들의 삶에 가치를 더하고, 새로운 가능성을 열어 주며, 나 자신을 더 깊이 알아가는 과정이다. 처음엔 생계를 위해 시작한 일이었지만, 시간이 흐르면서 '자아 실현'이라는 더 큰 목표가 나를 움직이게 했다.

소크라테스는 "자신을 발견하는 것은 가장 어려운 일이지만, 가장 값진 일"이라고 말했다. 그 말에 온전히 공감한다. 사업이란 결국 끊임없는 자기 발견의 여정이다. 숫자와 매출만 남는 싸움 같지만, 사실은 '내가 누구인지', '어떤 철학으로 세상을 바라보는지'를 확인하는 과정이었다.

실패를 겪으며 무너졌던 순간, 다시 일어나 강연장에 섰던 순간, 글로 내 생각을 세상에 내놓았던 순간마다 조금 더 깊이 나를 알게 되었다.

그것은 단순한 자기만족이 아니라, 다시금 책임을 다지고 성장할 수 있는 힘이 되었다.

때로는 대표라는 자리가 무겁게 느껴졌다. 직원들의 월급일이 다가오면 통장 잔고를 확인하며 잠 못 이루던 밤도 있었고, 세금 정산을 앞두고는 숫자 하나에도 심장이 쿵쿵 뛰던 날이 있었다. 그러나 그 모든 순간을 버티게 해준 건, 바로 내가 걸어온 길에 대한 확신과 신념이었다. 이 길이 쉽지는 않지만, 그만큼 값지다는 사실 말이다.

다시 시작하는 용기, 그리고 다음 목표

내 인생은 '끝'이 아니라 언제나 '시작'을 향한 여정이었다. 실패와 좌절은 그저 또 다른 시작의 전주곡이었고, 그 안에서 끊임없이 성장했다. '끝'이란 문이 닫히는 순간조차도, 곧 다른 문이 열리고 있음을 알게 되었다.

나는 스스로와, 그리고 창업을 꿈꾸는 이들에게 이렇게 말하고 싶다.
"지금 두렵다고 느끼는 것들이야말로 너를 더 강하게 만들어 줄 힘이다. 실패는 실패가 아니라, 배움의 과정이다."

대표로서 내가 가진 다음 목표는 단순한 사업의 성과를 넘어선다. 더 많은 사람들에게 다시 시작할 수 있는 용기와, 자신을 발견할 수 있는 기회를 전하는 것이다. 강연과 글, 그리고 나의 제품과 브랜드가 모두 그 도구가 될 것이다.

그리고 스스로 다짐한다. '끝은 없다. 매번 다시 시작할 것이다.'

내가 가진 작은 성공의 경험, 큰 실패의 기억, 모두가 또 다른 이의 출발점이 될 수 있음을 믿기 때문이다.

앞으로 더 많은 창업자들을 만나 그들의 이야기를 듣고, 그들의 불안과 두려움을 함께 나눌 것이다. '대표'라는 자리가 단지 경영을 넘어 누군가의 시작을 돕는 자리가 될 때, 비로소 더 큰 의미를 갖게 될 것이다.

또한, 후배 창업자들에게는 세 가지 작은 실천을 권하고 싶다. 첫째, 매일 짧게라도 배운 것을 기록하라. 작은 기록이 쌓여 결국 큰 자산이 된다. 둘째, 반드시 신뢰할 수 있는 멘토 한 명을 두어라. 혼자만의 시선으로는 놓치는 부분이 많다. 셋째, 실패를 미리 두려워하기보다 경험으로 받아들여라. 실패는 손실이 아니라 투자다. 이 세 가지만 꾸준히 지킨다면, 대표라는 길은 결코 혼자가 아닌 여정이 될 것이다.

내일은 여전히 불확실하다. 하지만 불확실하기 때문에 아름답다. 오늘을 다하지 않으면 내일을 맞이할 수 없듯, 오늘도 내 몫을 다하고 다시 한 발을 내딛는다. 언젠가 내가 꿈꾸는 삶과 더 가까워질 것이라는 믿음을 품고서.

끝이란 없다. 오직 새로운 시작만이 있을 뿐이다. 그리고 그 시작의 길 위에서, 두려움보다 큰 용기로, 나 자신과 세상을 향해 이렇게 선언한다.

"끝이 아니라 시작이다. 대표로서, 그리고 한 사람으로서 계속 살아갈 나의 다음 목표를 향해 걸어간다."

그리고 이 말을 마음에 새긴다.

"우리가 끝이라고 부르는 것은 종종 시작이다.

끝맺음은 우리가 출발점이라 부르는 곳이다." – T. S. 엘리엇

토스

이승건

'불편함'을 비즈니스로 바꾼 집념의 리더

토스의 시작은 '송금 수수료 500원'이라는 단순한 불편함에서 출발했다. 이승건 대표는 치과의사 출신이었다. 금융을 전공하지도 않았고, 개발자가 아니기도 했다. 그러나 그는 늘 같은 질문을 품었다. "왜 돈을 보내는 게 이렇게 복잡할까?" 그 질문이 바로 토스의 출발점이었다.

2013년 당시 금융시장은 높은 보안 규제와 공인인증서 중심의 폐쇄적 구조였다. 누구도 간편 송금에 도전하지 않았고, 금융위원회는 수차례 서비스 인가를 반려했다. 하지만 그는 포기하지 않았다. "될 때까지 해보자." 수십 번의 법적 검토와 기술 실험 끝에 마침내 2015년, '공인인증서 없는 송금'이 가능해졌다. 그 순간, 금융의 문이 열렸다. 이후 토스는 보험, 증권, 대출, 은행으로 서비스를 확장했다. 하지만 이 대표가 지켜온 철학은 한결같았다. "사람들이 금융을 이해할 수 있게 하자." 그는 금융을 전문가의 영역이 아니라, 누구나 이해할 수 있는 일상 언어로 만들고자 했다. 토스의 핵심은 기술이 아니라 '사용자 경험'이었다. UI의 단순함, 언어의 명확함 그리고 불필요한 절차의 제거. 그 단순함이 사람들에게 '신뢰'를 남겼다.

창업 이후 그는 8번의 실패를 겪었다. 그러나 그는 "운을 이기는 유일한 방법은 끈기"라며, 실패를 실험의 일부로 여겼다. 토스는 800개가 넘는 기능을 만들고 그중 200개만 남겼다. 성공은 거대한 전략이 아니라, 작지만 진심 어린 집념의 결과였다.

특히 이승건 대표는 중소벤처기업진흥공단의 '청년창업사관학교' 1기 출신이기도 하다. (최영준 작가는 청년창업사관학교 13기 출신이다)

그는 이곳에서 창업의 기초를 다졌고, 지원금과 멘토링을 통해 비즈니스 모델을 다듬으며 '실패를 견디는 근육'을 길렀다고 회상한다. 청년 창업 현장에서 출발한 그가, 이후 국내 핀테크 사업의 상징이 되었다는 점은 후배 창업자들에게 지금도 큰 영감을 주고 있다. 오늘의 토스는 금융의 경계를 넘어 국민의 금융 습관을 바꾼 플랫폼이 되었다.

이승건 대표는 이제까지 여정의 결과를 우리에게 이렇게 말한다. "대표란, 불편함을 끝까지 붙잡는 사람이다."

모든 혁신은 불편함에서 시작된다. 남들이 불가능하다고 할 때 포기하지 않는 집념, 그 단순한 끈기가 결국 산업을 바꾸는 힘이 된다. 대표라면 세상을 바꾸는 거창한 계획보다, 사람들의 일상 속 사소한 불편함에 먼저 귀 기울여야 한다. 진짜 창업의 기술은 새로운 아이디어가 아니라, 끝까지 포기하지 않는 태도에서 완성된다.

에필로그

성공한 사업가들은 저마다의 '마음가짐'을 가지고 있습니다. 그 마음가짐은 단순한 정신론이 아니라, 수많은 실패와 고비를 버텨내며 다져진 '대표로서의 태도'입니다. 이 책을 통해 한 사람의 창업 스토리를 따라 함께 걸어오신 여러분은 이제 그 태도를 체득한 사람이라 해도 과언이 아닙니다. 마지막 장을 덮는 지금, 여러분은 단순히 창업을 꿈꾸는 사람이 아니라 '대표의 시야'를 갖춘 사람일 것입니다.

대표의 시야란 단순히 매출과 성장을 바라보는 비즈니스적 관점만을 의미하지 않습니다. 상황을 길게 보고, 순간의 감정에 휘둘리지 않으며, 다음 단계로 나아갈 전략을 스스로 세울 수 있는 내적 기준까지 포함합니다. 그 기준이 생긴 사람은 흔들리는 환경에서도 중심을 잃지 않습니다.

PART 1. 이렇게 사업이 될 줄 몰랐습니다.

"오늘 시작하지 못하는 일은 내일도 시작하지 못합니다."

이 문장을 처음 들었을 때는 의미만 이해했지만, 수많은 시행착오 끝에 비로소 그 진짜 무게를 알게 됩니다. 완벽한 타이밍은 존재하지 않으며, 창업은 언제나 불완전한 출발에서 시작됩니다. 중요한 것은 '지금 시작하는 용기'입니다.

현장은 책이나 조언으로 대신할 수 없습니다. 작은 실패조차도 온전히 부딪혀야만 얻을 수 있는 배움이 있습니다. 그래서 실행력은 대표의 가장 강력한 무기이자, 많은 사람들이 부러워하지만 끝내 가지지 못하는 능력이 됩니다.

창업 후 마주한 불안, 자금 압박, 인간관계, 시장의 냉정함은 모두 '대표의 회복 탄력성'을 키우는 훈련장이었습니다. 이 근육은 넘어질 때마다 다시 일어서는 과정에서만 단단해집니다. 그리고 이 과정은 대표에게만 주어지는 특권이기도 합니다. 자신을 성숙하게 만드는 고통의 경험이기 때문입니다.

PART 2. 이렇게 돈을 받긴 받았습니다.

'대한민국은 창업하기 좋은 나라다.' 이 말은 과장이 아닙니다. 다양한 지원 제도와 보조금이 존재하며, 이를 잘 활용하면 성장의 속도는 생각보다 훨씬 빨라질 수 있습니다. 다만, 많은 창업자들이 어느 순간 '지원금을 받는 것' 자체에 목적을 두며 길을 잃습니다. 돈을 받는 행위는 쉬워 보이지만, 그 돈을 제대로 쓰는 일은 훨씬 어렵습니다.

그래서 저는 말하고 싶습니다. "지원 사업은 목표가 아니라 수단입니다."

방향이 분명한 대표에게 지원금은 가속기가 되지만, 흐리면 오히려 회사를 흔드는 리스크가 됩니다. 이 장을 통해 여러분은 '지원 사업을 바라보는 관점'을 새롭게 정립했을 것입니다. 이는 단순한 행정 절차의 이해가 아니라, 회사의 중심을 잃지 않는 사고방식에 더 가깝습니다.

PART 3. 이렇게 대표로 살아남고 있습니다.

창업이 '시작'이라면, 사업은 '지속'의 과정입니다. 대표는 외로움을 감내하며 대부분의 결정을 홀로 내려야 합니다. 특히 초기에 겪는 외로움은 종종 사람을 성급하게 고용하거나 책임을 나누려는 충동으로 이어집니다. 그러나 준비되지 않은 상태에서 나눈 책임은 반드시 더 큰 문제를 낳습니다.

진짜 대표는 스스로의 기준으로 결정하고, 그 실패의 무게까지 온전히 짊어질 수 있는 사람입니다. 이 기준은 시간이 지나면서 더욱 선명해지고, 대표의 정체성을 단단하게 만들며, 결국 회사가 흔들릴 때에도 중심을 잡아주는 힘이 됩니다.

많은 대표가 겪는 '직원 문제', '자금 압박', '고객의 변심' 같은 파도는 누구에게나 찾아옵니다. 중요한 것은 그 파도를 두려워하지 않고 꾸준히 노를 젓는 일입니다. 파도는 사라지지 않지만, 노를 젓는 힘은 점점 강해집니다.

PART 4. 이렇게 안 하면 망합니다.

사업에는 100% 성공 공식은 없지만, '망하지 않는 법'은 분명 존재합니다. 핵심은 대표의 멘탈입니다. 같은 위기에서도 어떤 사람은 무너지고, 어떤 사람은 기회를 봅니다. 그 차이는 오직 마음가짐에서 시작됩니다.

초보 대표는 종종 사람을 너무 일찍 고용합니다. 사람을 뽑는 일은 단순히 인력을 보강하는 것이 아니라, 회사의 철학을 함께 나눌 사람을 찾는 일입니다. 대표는 반드시 자기 기준을 세워야 하며, 더 많은 책임을 지겠다는 마음이 없다면 누구도 오래 살아남지 못합니다.

멘탈이 무너지지 않는 대표는 끝까지 버틸 수 있고, 버티는 사람이 결국 살아남습니다. 이것이 이 책이 전하고자 한 핵심입니다.

PART 5. 이렇게 한 걸음씩, 진짜 대표가 되어갑니다.

책의 가치는 한 사람의 시간을 압축해 배울 수 있다는 데 있습니다. 이 책은 누군가의 8년을 그대로 담은 기록입니다. 한 번 읽어 이해되지 않으면 두 번, 세 번 읽어보세요. 창업은 여러 번의 시도와 실패를 겪으며 자신만의 '레시피'를 완성하는 과정입니다.

"성공의 지름길은 지금의 나를 인정하는 데서 시작된다."

현재의 나를 받아들이고 그 위에 다음 단계를 쌓는 것이 성장입니다. 이 책을 끝까지 읽은 여러분은 이미 첫 단계를 밟았습니다.

앞으로 중요한 것은 단 하나입니다. 흐릿해도, 불안해도 한 걸음씩 나아가는 것. 기본을 반복하다 보면 자신만의 맛이 생기고, 대표의 태도와 멘탈도 반복 속에서 완성됩니다.

축하드립니다. 여러분은 '대표라면 반드시 알아야 할 창업의 기술'을 배운 사람입니다. 하지만 이 책은 끝이 아니라 시작입니다. 성장이라는 단어는 언제나 불편함 속에서 태어납니다.

이 책이 여러분에게 용기와 근거 있는 자신감을 심어 주었기를 바랍니다. 이제는 저의 이야기가 아닌, 여러분의 이야기를 쓸 차례입니다. 단 하나뿐인 '대표의 기록'을 남기시길 바랍니다.